"十四五"职业教育部委级规划教材

人力资源管理

RENLI ZIYUAN GUANLI

U0740069

葛元月 主编
董敏敏 牛珍 副主编

中国纺织出版社有限公司

内 容 提 要

本书包含两大模块，即基础篇和技能篇。基础篇包括初识人力资源管理和认识工作分析与设计，技能篇包括制订人力资源规划、实践招聘与甄选、开展员工培训、走进绩效管理、体验薪酬福利管理及初涉劳动关系管理。基础篇设计了情景导入及学习任务，技能篇设计了情景导入、职业导向、完成每个任务的必备知识和实践任务，主要介绍人力资源管理的基础知识和技能操作。

本书可供高等职业院校人力资源管理相关专业使用，供企业管理人员或其他人员学习参考。

图书在版编目（CIP）数据

人力资源管理／葛元月主编 ；董敏敏，牛珍副主编. -- 北京：中国纺织出版社有限公司，2024.3
"十四五"职业教育部委级规划教材
ISBN 978-7-5229-1380-3

Ⅰ. ①人… Ⅱ. ①葛… ②董… ③牛… Ⅲ. ①人力资源管理－职业教育－教材 Ⅳ. ① F243

中国国家版本馆 CIP 数据核字（2024）第 035551 号

责任编辑：华长印 朱昭霖 责任校对：高 涵
责任印制：王艳丽

中国纺织出版社有限公司出版发行
地址：北京市朝阳区百子湾东里 A407 号楼 邮政编码：100124
销售电话：010—67004422 传真：010—87155801
http://www.c-textilep.com
中国纺织出版社天猫旗舰店
官方微博 http://weibo.com/2119887771
北京通天印刷有限责任公司印刷 各地新华书店经销
2024 年 3 月第 1 版第 1 次印刷
开本：787×1092 1/16 印张：12.75
字数：195 千字 定价：79.80 元

凡购本书，如有缺页、倒页、脱页，由本社图书营销中心调换

前　言

　　党的二十大报告指出，教育是国之大计、党之大计。培养什么人、怎样培养人、为谁培养人是教育的根本问题。育人的根本在于立德。教育部高等教育司2023年工作要点提出："结合专业特点分类推进课程思政建设，将党的二十大精神有机融入相关专业课程。"

　　教材是学校教育教学的主要依据，是立德树人的重要载体，对于铸魂育人、启智增慧、培养高素质技术技能人才具有重要的支撑作用。本教材以党的二十大精神为指引，坚持正确的政治方向和价值导向，全面落实课程思政要求，遵循教材建设规律和职业教育教学规律、技术技能人才成长规律，紧扣产业升级和数字化改造，满足技术技能人才需求变化，依据职业教育国家教学标准体系，对接职业标准和岗位（群）能力要求编写完成。全书包含两大模块——基础篇和技能篇，其中基础篇包含两个单元，即初识人力资源管理和认识工作分析与设计；技能篇包含六个单元，即制订人力资源规划、实践招聘与甄选、开展员工培训、走进绩效管理、体验薪酬福利管理及初涉劳动关系管理。在基础篇的每个单元下，设计了情景导入及若干不同的学习任务；在技能篇的每个单元下，设计了情景导入、职业导向和完成每个任务的必备知识和包含任务描述、任务场景、任务实施的实践任务。本教材主要介绍人力资源管理的基础知识和实际操作，在编写过程中力求突出以下特点。

　　一是坚持正确的政治方向和价值导向。本教材在情景导入、职业导向、学习目标、课程内容和学习评价等方面，结合知识技能有机地融入习近平新时代中国特色社会主义思想和党的二十大精神，帮助学生了解国家人才战略、法律法规和相关政策，引导学生深入社会实践、关注现实问题，培育学生真心爱才、悉心育才、倾心引才、精心用才的良好职业素养。

　　二是建构科学合理的教学内容。创设学生可能遇到的问题情境，引出岗位工作任务，从解决问题所需的必备知识到如何解决问题，再到如何完成岗位工作任务。内容设计逻辑严谨、梯度明晰，文字表述规范流畅，图文并茂、生动活泼、形式新颖，知识和技能的相互衔接自然恰当。

三是践行岗课赛证融通的育人模式。本教材坚持"岗课赛证融通"的育人理念，课程标准对接职业岗位标准，结合"1+X"证书和职业院校技能大赛的要求，形成"岗课"相衔接、"证赛"搭建"岗课"融通的特色。使学生通过课程学习具备与企业岗位需求的职业能力和职业素养。

四是遵循职业教育教学和人才成长的规律。本教材符合学生认知特点，体现先进职业教育理念，体现行业发展的新技术、新规范、新标准，反映人才培养模式改革方向，有机结合知识、能力和正确价值观的培养，适应专业建设、课程建设、教学模式与方法改革创新等方面的需要，满足不同学习方式要求，有效激发学生学习兴趣和创新潜能。

本教材由河南轻工职业学院的葛元月老师担任主编，提出思路、框架和大纲及统稿，董敏敏和牛珍老师担任副主编，参与了体例及内容的讨论确定。具体分工如下：单元一、二、三由葛元月编写，单元四、五由董敏敏编写，单元六、七、八由牛珍编写。编写过程中，参阅和引用了国内外众多专家、学者的研究成果，并收集了媒体上部分实用的案例，不便一一列举，在此一并表示衷心的感谢。

本教材可供高等职业院校人力资源管理专业或管理相关专业使用，也可供企业管理人员或其他人员学习参考。由于编者水平有限，不足和遗漏在所难免，恳请广大读者多提宝贵意见。

编者

2023 年 7 月 21 日

CONTENTS

目　录

01

模块一

基础篇

单元一　初识人力资源管理

📔 情景导入

陈明完成了在校的学习任务后，准备利用大三实习的机会到企业锻炼自己。多次应聘，屡败屡战，最后恒信股份有限公司因为他的真诚和谦逊录用了他，并暂被安排到人力资源部担任人事文员。陈明非常珍惜这来之不易的工作机会，他希望尽快熟悉人力资源管理的相关工作。他该如何开始新的工作呢？

要开展人力资源管理工作，必须深入领会党的二十大报告提出的人才强国战略，认识到功以才成，业由才广。坚持尊重劳动、尊重知识、尊重人才、尊重创造，实施更加积极、更加开放、更加有效的人才政策。首先应掌握人力资源和人力资源管理的内涵和特征，熟悉我国人口资源、劳动力资源、人才资源与人力资源的关系，了解人力资源管理的发展历程及与传统人事管理的区别。其次应熟悉在新一代数字技术引领企业适应内外部环境快速变化的背景下，为提高人力资源服务的质量和效率，必须深化人力资源转型，建立人力资源共享服务中心，以及产生的新岗位的要求。最后熟悉不同规模人力资源管理组织结构的设置。

📔 学习目标

1.知识目标

熟练掌握党的二十大报告提出的人才强国战略，熟悉人力资源的特征及与人口资源、劳动力资源、人才资源的关系，掌握人力资源的构成内容及人力资源管理的内涵，了解人力资源管理的发展历程及数字化背景下的人力资源管理三支柱转型和共享服务。

2.技能目标

能设置简单适合的人力资源管理组织结构，能使用计算机进行日常的人力资源信息管理，能撰写简单的人事公文。

笔记处

3.素养目标

注重培养国家人才政策的理解、引领和实施能力，提升人文素养、数字素养和创新意识；培养团队协作、信息判断和信息处理能力，养成真心爱才、悉心育才、倾心引才、精心用才的良好职业素养。

任务一　人力资源和人力资源管理认知

一、人力资源的内涵和特征

（一）人力资源的内涵

经济学把为了创造物质财富而投入于生产活动中的一切要素通称为资源。资源是形成财富的来源，包括人力资源、物力资源、财力资源、信息资源、时间资源等，其中，人力资源是一切资源中最宝贵的资源，是第一资源。

人力资源（Human Resource）有广义和狭义之分，广义的人力资源是指智力正常的人。本书中涉及的是狭义的人力资源，主要指人所具有的对价值创造起贡献作用并且能够被组织利用的体力和脑力的总和，或一定范围内具有为社会创造物质和精神财富、从事体力劳动和智力劳动的人的总和。也就是说，人力资源的本质是人所具有的脑力和体力的总和，即劳动能力，该劳动能力要能对财富的创造起贡献作用，成为财富形成的来源，而且该劳动能力要能被组织所利用。

（二）人力资源的特征

人力资源作为一种特殊的资源，与其他资源相比，具有以下特征。

1.主观能动性

人力资源具有思想、感情和思维，是有计划、有目的地使用自己的脑力和体力，具有主观能动性，这是同其他资源最根本的区别。其他资源在被开发的过程中，完全处于被动的地位。人力资源则不同，它在被开发的过程中，有思维与情感，能对自身行为作出抉择，能够主动学习及自主地选择职业，更为重要的是，人力资源能够发挥主观能动性，有目的、有意识地利用其他资源进行生产，推动社会和经济的发展。

笔记处

2.时效性

时效性指人力资源的形成与作用效率受其生命周期的限制。作为生物有机体的个人，其生命是有周期的，每个人都要经历幼年期、少年期、青年期、中年期和老年期。其中具有劳动能力的时间是生命周期中的一部分，其各个时期资源的可利用程度也不相同。但无论哪类人，都有其才能发挥的最佳时期、最佳年龄段。如果其才能未能在这一时期充分利用开发，就会导致人力资源的浪费。因此，人力资源的开发与管理必须尊重人力资源的时效性特点，做到适时开发、及时利用、讲究时效，最大限度地保证人力资源的产出，延长其作用发挥的时间。

3.社会性

人力资源所具有的体力和脑力会因为所处时代、社会的不同而变化，受民族文化和社会环境因素的影响，具有社会属性，即社会政治、经济文化不同，人力资源的质量也不同。例如，古代人力资源质量远远低于现代，发达国家整体的人力资源质量也高于发展中国家。

4.可变性

人力资源在使用过程中因受到自身和外部条件的影响，其发挥作用的程度不同，从而具有一定的可变性。人力资源是人所具有的体力和脑力的总和，在使用过程中，表现为人的劳动过程，而人在劳动过程中又会因自身心理状态的不同而影响到劳动效果。例如，当人受到有效的激励时，就会主动投入工作，最大限度地发挥自身的能力，人力资源的价值就能得到充分发挥；反之，当人不愿意投入工作时，其脑力和体力就不会发挥出应有的作用。另外，人力资源的可变性还表现在即使人所面临的外部条件相同，人力资源创造的价值也可能不同。

5.再生性

人力资源的再生性，通过人口的再生产和劳动力的再生产及人口总体内个体的不断更替和"劳动力耗费—劳动力生产—劳动力再次耗费—劳动力再次生产"的过程得以实现。从劳动者个体来说，它的劳动能力一方面在劳动过程中消耗之后，通过适当的休息和补充所需的营养物质，又会再生产；另一方面在开发过程中，不会像其他资源一样因为使用而消失，只会因为使用和学习而增强或者更有价值，如知识经验和技能。从劳动者总体来说，随着人类的不断繁衍，劳动者会

笔记处

不断再生产出来。人力资源在使用过程中有一个可持续开发、丰富再生的独特过程，使用过程也是开发过程，能够实现自我补偿、自我更新、自我丰富、持续开发。

二、人力资源的相关概念和构成内容

（一）人力资源的相关概念

人力资源相关的概念包括人口资源、劳动力资源和人才资源。人口资源是指一个国家或地区具有的人口数量。劳动力资源指一个国家或地区在劳动年龄范围之内，具有劳动能力的人的总和。人才资源指一个国家或地区具有较强的战略能力、管理能力、研究能力、创造能力或专门技术能力的人的总和。它们之间的关系如图1-1、图1-2所示。

图1-1　人口资源、人力资源、劳动力资源、人才资源的关系图

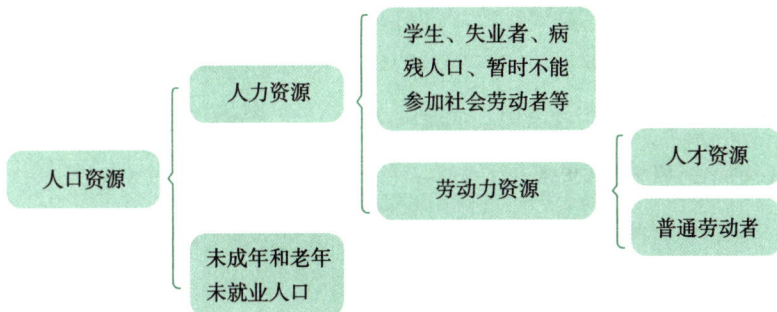

图1-2　人口资源、人力资源、劳动力资源、人才资源的包含关系图

注：我国现行的劳动适龄人口：男16~60岁、女16~50（55）（60）岁；16岁以下为未成年人口，55岁或60岁以上为老年人口。

笔记处

（二）人力资源的构成内容

人力资源的本质是人所具有的劳动能力，其构成内容包括数量和质量两方面。

1.人力资源数量的构成

人力资源数量分为绝对数量和相对数量，是构成人力资源总量的基础，反映了人力资源的量的特性，如图1-3所示。

从宏观上看，人力资源绝对数量的构成是指一个国家或地区具有劳动能力、从事社会劳动的人口总数，它是一个国家或地区劳动适龄人口减去丧失劳动能力的人口，以及非劳动适龄就业的人口总和，它反映了一个国家或地区人力资源绝对量的水平。

我国劳动法规定现行的劳动年龄为：男性16~60岁，女性16~55（或60）岁。因此我国人力资源潜在的数量包括图1-3中①~⑧八个方面的内容。

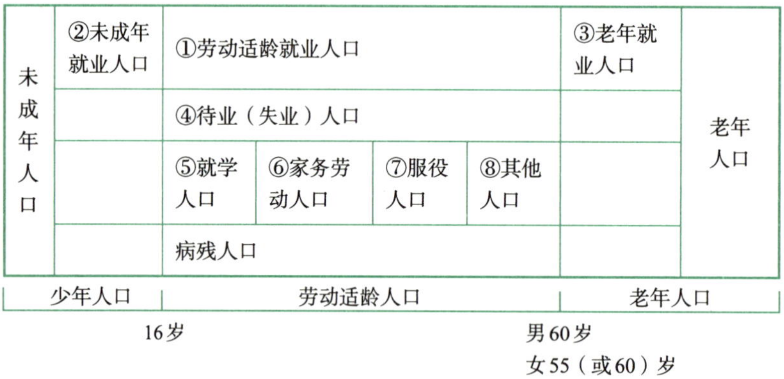

未成年人口	②未成年就业人口	①劳动适龄就业人口			③老年就业人口	老年人口
		④待业（失业）人口				
		⑤就学人口	⑥家务劳动人口	⑦服役人口	⑧其他人口	
		病残人口				
少年人口		劳动适龄人口			老年人口	

16岁　　　　　　　　　　　　　　　　　男60岁
　　　　　　　　　　　　　　　　　　　女55（或60）岁

图1-3　人力资源数量构成

注：①"劳动适龄就业人口"是处于劳动年龄之内、正在从事社会劳动的人口，占据人力资源的大部分。

②"未成年就业人口"或"未成年劳动者"是尚未达到劳动年龄、已经从事社会劳动的人口。

③"老年就业人口"或"老年劳动者"是已经超过劳动年龄、继续从事社会劳动的人口。

④"待业（失业）人口"是处于劳动年龄之内、具有劳动能力待参加或要求参加社会劳动的人口。

⑤"就学人口"是处于劳动年龄之内、正在从事学习的人口。

⑥"家务劳动人口"是处于劳动年龄之内、正在从事家务劳动的人口。

⑦"服役人口"是处于劳动年龄之内、正在军队服役的人口。

⑧"其他人口"是处于劳动年龄之内的其他具有劳动能力的人口。

图1-3中①②③是社会就业人口，构成人力资源的主体，是已在利用的人力资源。①②③④是现实的劳动力供给，是直接的、已经开发的

笔记处

人力资源。⑤⑥⑦⑧是间接的、未开发的、处于潜在形态的人力资源，尚未构成现实的劳动力供给。因此，一个国家或地区的人力资源是现实的人力资源和潜在的人力资源的总和，又称人力资源的绝对数量。

人力资源相对数量可用人力资源率、劳动力参与率来表示。相对数量越高，表明该国家或地区的经济活动越具有某种优势。

人力资源率指人力资源的绝对量占总人口的比重。人力资源率越高，表明一个国家或地区可以投入经济活动的人力越多，作为单纯消费者的人口越少，其计算公式是：

人力资源率＝（人力资源总量/被考察范围总人口）×100%

劳动力参与率指经济活动人口(包括就业者和失业者)占劳动年龄人口的比重，是衡量人们参与经济活动状况的指标。由于我国劳动法规定最低劳动年龄为16周岁，因此，劳动力参与率通常指就业人口与失业人口之和在16周岁以上适龄人口中所占的百分比。其计算公式是：

劳动力参与率＝（就业人口＋失业人口）/16岁以上适龄劳动总人口 ×100%

2.人力资源质量的构成

人力资源质量是一定范围内（国家、地区、企业）人力资源所具有的体质、智力、知识、技能和劳动意愿的总和，一般由体质、智质、心理素质、品德修养、能力素养和情商等构成，如表1–1所示。

表1–1 人力资源质量构成

构成项目	构成内容
体质	身体素质，包括身体的忍耐力、适应力、抗病力和体能等
智质	学习的速率，主要取决于记忆能力、感知能力、理解能力、思维能力、接受能力和应变能力
心理素质	情绪的稳定性、心理承受力、心情心态、心理应变能力和适应能力等
品德修养	热爱祖国和人民，有事业心和责任感，仁爱、忠诚、明理诚信。是评估人力资源质量的第一要素
能力素养	学历、经历、阅历、心路历程的结晶，包括知识总量、理解能力、战略能力、决策能力、研究能力、组织能力、判断能力、创新能力、人际沟通能力、推理能力、应变能力、分析能力、语言表达能力及学习能力等
情商	个人对自己情绪的把握和控制，对他人情绪的揣摩驾驭，以及对人生的乐观程度和面临挫折的承受能力等

人力资源质量一般体现在劳动者的体质水平、文化水平、专业技术水平和劳动的积极性上，常常用健康状况、受教育状况、劳动者的技术等级状况及劳动态度等指标衡量。

三、人力资源管理的内涵

（一）人力资源管理的含义

人力资源管理（Human Resource Management，HRM）概念的出现，是在彼得·德鲁克（Peter Drucker）1954年提出人力资源概念之后，虽然它出现的时间不长，但发展非常迅速。国内外学者也做了大量研究，给出了诸多关于人力资源管理的解释。综合学者们的研究成果，人力资源管理是指在人本思想指导下，为了获取、开发、保持和有效利用在生产和经营过程中必不可少的人力资源，通过运用科学系统的技术方法，进行各种相关的计划、组织、领导和控制活动，以实现组织目标和组织成员发展的最大化。

可以从两方面理解人力资源管理的含义：一是对人力资源数量的管理，即通过对组织在人力资源获取、开发、保持和利用等方面进行有效的管理，使得人力资源之间、人力资源和其他资源经常保持最佳比例和有机结合。二是对人力资源内在质量的管理，即采用现代化、科学的技术方法，对人的思想、心理和行为进行有效管理，充分发挥其主观能动性，以实现组织目标和人力资源最好的发展。

另外，正确理解人力资源管理，还必须清楚它和传统的人事管理的区别，两者不仅是名词的转变，在性质上已有了本质的差异，如表1-2所示。

表1-2 现代人力资源管理和传统人事管理的区别

项目	现代人力资源管理	传统人事管理
管理观念	视员工为有价值的最重要资源	视员工为成本负担
管理形式	动态的、全过程的系统化管理	静态的、孤立的分割式管理
管理内容	以人为中心、开发潜能、激发活力	以事为中心、管理档案、员工资料等
管理策略	战略与战术性相结合的管理	战术或业务性管理

笔记处

项目	现代人力资源管理	传统人事管理
管理层次	决策层	执行层
管理体制	主动、注重开发	被动、注重管好
管理方式	人性化管理、参与、透明、和谐、合作、尊重、民主、挑战、变化	命令独裁式管理、制度控制、物质刺激、对立、抵触、例行、记载
管理手段	以信息技术为主，及时准确	手段单一，以人工为主
管理技术	科学性与艺术性相结合，采用新技术、新方法和测评技术系统	照章办事、机械呆板
管理角色	服务者	管理者
管理目的	组织和员工目标共同实现	注重组织目标的实现
部门属性	生产与效益部门	非生产、非效益部门

（二）人力资源管理的地位和作用

在信息技术迅速发展、经济全球化的今天，管理者越来越认识到现代企业管理的重心已经由过去对物的管理转移到对人的管理，即对人的管理是现代企业管理的核心。

人力资源管理核心地位的确立，取决于其在现代企业中的重要作用。

1. 科学化的人力资源管理是推动企业发展的内在动力

人力资源是推动生产力前进的决定性因素，具有能动性和创造性，这是人与物最本质的不同。科学化的人力资源管理是以企业中的员工为本的管理，其中心任务就是有效开发和利用各级员工的潜能。无论是员工的招聘、录用、晋升、培训、绩效管理、薪酬福利制度的制定，还是协调人力资源与其他资源之间的关系，在时间和空间上使人力资源同其他资源形成最优配置，目的都是有效地开发利用组织的人力资源，挖掘其潜力，降低消耗，提高效率。推动组织持续不断发展。

2. 现代化的人力资源管理能使企业赢得人才的制高点

随着科学技术的迅速发展及市场需求的变化，企业间的竞争不外乎是人才、资本、技术、产品和市场的竞争，归根结底是人才的竞争。哪个企业拥有高素质的人才，哪个企业就能开发、引进、采用最新技术，利用最新、最有效的经营战略和战术，生产出高技术

笔记处

含量、高品质、高附加值的产品和提供最优质的服务，从而在激烈的市场竞争中取胜。这里所说的高素质人才指的是具有经营战略头脑的企业家人才，掌握并具有开发能力的管理和技术人才，具有敬业、创新精神的训练有素的员工队伍。现代化的人力资源管理，不仅为企业选拔和配置高素质的人才奠定了可靠的基础，也为企业赢得人才，进而取得资本、技术、产品和市场的竞争优势，提供了必要的决策依据。

（三）人力资源管理的职能

人力资源管理的职能存在着各种不同的观点。美国人力资源管理协会把人力资源管理的职能分为人力资源规划及招募选择、人力资源开发、报酬与福利、安全与健康、员工和劳动关系、人力资源研究六种。国内学者对人力资源管理职能的划分不尽相同，如赵曙明教授将人力资源管理的职能划分为预测、分析和计划，人员需求计划的确定，组织人力资源所需的配置，评估员工的行为，员工薪酬计划，工作环境的改善，建立和维护有效的员工关系，等等。综合国内外研究成果，人力资源管理的职能如表1-3所示。

表1-3　人力资源管理的职能

职能	内容
吸收、录用	工作分析确定岗位的具体要求，提出人员补充计划，吸引有资格的应聘者，采用科学的方法选择录用符合岗位要求的合适人选
保持	既要保持员工的工作积极性、主动性和创造性，又要为员工保持安全、健康、融洽的工作环境和氛围
发展	通过培养、教育和训练，促进员工态度、知识、技能等综合职业素养的提高，并帮助员工设计职业生涯规划，实现自己的职业目标
评价	采用科学的方法对员工的工作态度、行为、技能、工作成果等进行考核和评价，并针对考评结果提出改进的意见和建议
调整	通过人力资源信息系统，及时跟踪了解员工与工作相关的知识、技能水平和综合素质的变化，以便及时调整到最适合的职位上

四、人力资源管理的主要内容及相互关系

人力资源管理是在工作分析的基础上，制订人力资源规划，实施招聘甄选，开展员工培训开发，进行绩效管理、薪酬福利管理和劳动关系管理，它们之间存在一定的关系，如表1-4和图1-4所示。

笔记处

表1-4　人力资源管理的主要内容

内容名称	内容概述
工作分析与设计	是人力资源管理的基础。界定组织内各职位所从事的内容和承担的职责，确定各职位所要求的任职资格条件，制定工作说明书和工作规范，并动态进行工作设计，以提高员工的工作生活质量
人力资源规划	预测组织一定时期内的人力资源供给和需求，根据预测结果制定平衡供求的政策措施，以保证组织发展战略和经营目标的实现
招聘与甄选	通过各种渠道吸引符合组织空缺职位的应聘者，采用科学的方法和测评技术甄选所需要的人力资源
员工培训开发	建立培训开发体系，进行培训需求分析，制订培训计划，组织实施，并对培训效果进行评估和反馈
绩效管理	制订绩效计划和目标，不断进行绩效沟通和辅导，并按照一定的程序、采用一定的方式方法，根据预先设定的考评指标和标准，评价员工的工作态度、工作行为、工作能力和工作结果及潜力，找出存在的问题并加以改进，不断提高组织和员工的绩效
薪酬福利管理	进行薪酬福利方案设计，实施岗位评价，进行内外部薪酬福利调查，制定薪酬福利管理制度
劳动关系管理	协调劳动关系，构建并维护企业文化，营造良好的工作氛围与和谐的工作关系，处理劳动争议，管理劳动合同

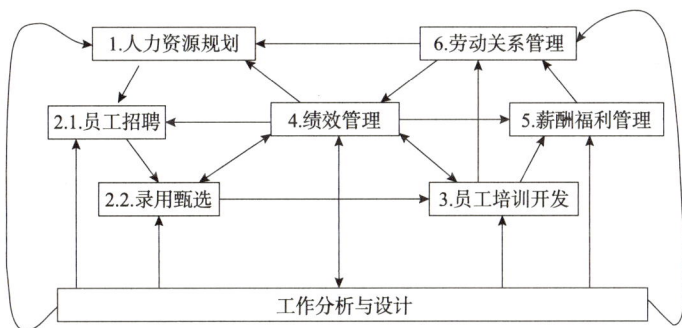

图1-4　工作分析与各个职能关系图

任务二　人力资源管理的产生与发展

一、人事管理向人力资源管理的演变

人力资源管理经历了从无到有、由简单到成熟不断发展和完善的历程，可以分为五个阶段。

（一）18世纪中叶至19世纪中叶——人事管理初始阶段

随着资本主义社会的开始和第一次工业革命的标志——蒸汽机的

发明，农村人口涌入城市，雇佣劳动也随之产生，此时出现了工人阶级。由于工人阶级的产生，雇佣劳动部门也随之产生，美国最早的雇佣劳动部门就产生于这一时期。这一时期属于人事管理的初始阶段。这一阶段人事管理思想有以下特点。

①一类新型的职业，即目前职业经理人的雏形也已产生，他们是"监工"的领导，成为新的工厂系统的当权者。随之而来的是日益加大的工人和当权者、当权者和所有者之间的距离。②人事管理在这一时期表现为雇佣管理，主要功能用于招录和雇佣工人，其管理以"事"为中心，以"目的"为指导，忽视人在金钱和物质之外的其他需求。③已初步有了管理者与生产者的区分。因为雇佣劳动，就出现了一些不做工的"监工"，他们的主要任务是指派、强迫和监督工人劳动。④把人视为物质人、经济人，以金钱为一切衡量标准，每个工人都在一定的岗位上做简单的、重复的机械劳动。⑤确立了工资支付制度和劳动分工，每个工人都有自己的工作岗位、工作职责和按规定获得的酬劳。

（二）19世纪末至20世纪初——科学管理阶段

随着资本主义从自由竞争到垄断的发展，美国的科学管理之父弗雷德里克·温斯洛·泰罗（Frederick Winslow Taylor）和德国的社会学家马克斯·韦伯（Max Weber）都提出了一系列比较科学与合理的管理方法和管理手段。在这一时期，人事管理思想有以下特点。

①劳动方法标准化。有了劳动定额、劳动定时工作制，首次科学而合理地对劳动效果进行了计算。②将有目的的培训引入企业。根据标准方法对工人实行了在职培训，并根据工人的特点分配工作。③明确划分了管理职能和作业职能。出现了劳动人事管理部门，它除负责招工外，还负责协调人力和调配人力。④已经能组织起各级的指挥体系。各种职务和职位按照职权的等级原则加以组织，对人的管理制定了下级服从上级的严格的等级观念。⑤科学管理已经全面注意处理劳动的低效率问题，并开始了对工时、动作规范、专业化分工的管理。当时在费城的米德维尔钢铁公司担任总工程师的泰罗，为了用"最好的方法"去完成一项工作，提出了对管理有重大贡献的三个原则，即科学而非经验、合作而非个人主义、最大化产出而非限制性产出。

笔记处

（三）20世纪初至第二次世界大战——工业心理学阶段

20世纪初，与泰罗对效率的极端关注相反，工业心理学更加关心工作和个体差异。在这个阶段，专职人事工作的部门产生了。这一阶段，人事管理有以下特点。

①承认人是社会人，人除了物质、金钱的需要外，还有社会、心理、精神等各方面的需要。在这一时期，开始萌发对人性的尊重，对人的心理需求的尊重。②在管理形式上，承认非正式组织的存在，承认在官方或法定的组织之外，另有权威人物的存在。这种非正式组织的权威，同样能影响和左右人们的行为和意愿。③在管理方法上，承认领导是一门艺术，有方法的区别，重视工会和民间团体的利益，提倡以人为核心改善管理方法。④工业心理学引入人事管理，开始重视对个体的心理和行为、群体的心理和行为的管理。

这一时期是人事管理思想最活跃且最有质的飞跃的时期，人们承认他们的祖先在管理上的失败，并从失败中吸取了教训，承认了人们在物质、金钱之外，还有别的需求。美国人本主义心理学家亚伯拉罕·哈罗德·马斯洛（Abraham Harold Maslow）的五个层次需求理论就源于这一时期。在这一时期，人们承认人为社会人，承认非正式组织的存在，转而求助行为科学，将行为科学的理论和方法引入这一重要的管理领域。这一时期的人事管理为所有者、管理者和工人之间的鸿沟架起了一座并不坚固的桥梁，但有桥梁总比没有桥梁好。这时的人事管理部门试图去说服管理者，即什么样的管理措施会达到最佳效果，同时试图去说服工人，即什么样的工作态度和方法能获得更安全的职业。

（四）第二次世界大战后至20世纪70年代——人际关系管理阶段

第二次世界大战后的初期，虽然当时对人事管理的重要性依然认识不足，但劳资矛盾、人际关系、工作满意度等问题已被正式提出。当时著名的管理学家彼得·德鲁克曾认为，人事工作部分属于文员工作，部分属于操作性的工作，部分是起着"灭火器"作用的工作。第二次世界大战前后，美国的法律已对劳资矛盾和人事关系的相关纠纷作出了一些规定，至1964年，美国的《民权法案》第七章的"公平就业法案"（EEO）对就业中的各种歧视作出规定。这一时期的人事

笔记处

管理进入比较严格、规范、系统的时期。这一阶段的人事管理有如下特点。

①就业机会要求均等。反对四大歧视，即性别歧视、年龄歧视、种族歧视、信仰歧视。由于就业机会均等，大量的人才获得了就业的机会。②人事管理规范化。许多企业不仅设立专职的人事部门，而且人事部门下设若干个分支部门，分别管理薪酬、考核、劳资矛盾、福利、培训等。③伴随着美国《民权法案》第七章的诞生，许多相关的政令、法律、规定逐步出台，美国的人力资源法律渐趋完善，同时影响了欧洲和其他国家，妇女人力资源和少数民族人力资源得到较大程度的开发，劳动力的结构发生了很大变化。④随着科技的发展，人事管理的方式也发生了较大变化，弹性管理已进入部分企业和部分特殊岗位。

（五）20世纪70年代至今——人力资源管理阶段

人事管理是以事为中心，对人实行刚性管理，工业时代的标准化、大型化、集中化仍然相当程度地影响和左右着人事管理的思想和方法。随着科技进步和社会发展，人们的需求发生了重大变化，人们更多地要求个性解放和个性化管理，要求对人的尊重和人性管理，要求对人的关怀和柔性管理，这些管理功能，人事部门已无法达到。把人视为资源，视为人类社会中最宝贵、最重要的活的资源，以开发人内在的潜能，发挥人内在的积极性为原则。人力资源管理开始了新的篇章，这个阶段的人力资源管理有以下特点。

①管理者既要掌握管理的理论和理念，更要注重管理的方法、操作和技能。注意培训员工的技能和自觉性，培养和发掘员工的创造力和凝聚力，促进员工职业发展。②从以事为中心转化为以人为中心的管理，更重视人的个体需要和发展需要，尊重人的隐私权。③管理从刚性转为柔性，个性化管理的特征逐步明显并广为提倡。④开始重视团队建设，重视协作和沟通，让员工参与管理成为组织追求的目标。

在我国，人力资源管理也经历了计划经济体制下的档案管理和资料统计的人事管理阶段。十一届三中全会以后，随着经济体制改革的深入和推进，以及国务院系列扩大国有企业经营管理自主权文件的落地，企业在定员定额内，有权根据实际需要，决定组织机构设置、择优录用员工和考核奖惩员工，逐步形成正常的进出机制。打破了分配

笔记处

的平均主义，增强了工资和考核的激励作用，为人力资源管理在我国的发展奠定了实践基础。1988年9月，国际劳工组织亚洲人力资源开发网、中国人力资源开发研究中心成立，标志着我国人力资源管理理论研究的开始。此后，光明日报、人力资源开发丛书编委会等组织举办人力资源开发理论研讨会，并对人力资源管理的基本概念、基本思想进行了研讨，人力资源管理理论在我国开始传播。1992年中国人民大学人事管理教研室改名为人力资源管理教研室，1993年招收了首届HRM的本科生，标志着我国人力资源管理的发展进入专业化阶段。1995年以后，工商管理专业型硕士研究生（MBA）在我国推广普及，为人力资源管理的发展进行了理论和人才储备。随着我国改革开放进程的深入和加快，以及党的二十大提出"从二○三五年到本世纪中叶把我国建成富强民主文明和谐美丽的社会主义现代化强国"目标的实施，人力资源管理进入蓬勃发展阶段。

二、现代人力资源管理的发展

我国经济由高速发展进入高质量发展阶段，新技术、新产品、新业态、新商业模式大量涌现，生产小型化、智能化、专业化成为新特征，数字化、社交媒体化、移动化的相互融合使客户、员工、合作伙伴之间产生了新的联系方式，以模块专业划分为基础的组织人力资源管理模式正在发生各种变化，以适应新的外部发展环境。现对人力资源管理将面临的新的发展趋势进行梳理，主要包括以下几方面。

（一）全球工作大迁移与自由工作者时代的到来

过去的组织形态是"组织+雇员"模式，区域性限制和人工成本的不断增加已经使很多组织不堪重负。新的组织形态将演变为"平台+个人"。任何平台都可以共享整个行业的人才，任何个人也可以同时为行业若干家平台企业服务。

例如，比较典型的自由职业平台——猪八戒，是中国领先的服务众包平台，服务交易品类涵盖创意设计、网站建设、网络营销、文案策划、生活服务等多个行业。截至2023年6月，猪八戒入住服务商超过740万，服务企业超过2630万，服务种类超过650种。为企业、公共机构和个人提供定制化的解决方案，将创意、智慧、技能转化为商业价值和社会价值。

笔记处

有媒体统计，到2030年，招聘网站以及自由职业者交易平台在内的"在线人才平台"，有望贡献10%的全球GDP，并创造相当于1.8亿个全职工作的就业机会。越来越多的由软件驱动的自由职业者工作平台的出现可能会解决世界一半甚至更多人的就业。此类平台的兴起正在改变人力资源雇佣模式。

（二）人工成本上涨 vs 人力资源战略的调整

国家全面放开生育政策已经实施七年，但目前人口增加的比例非常有限，劳动力再生产成本增长；由于城镇化的家居和农村收入的提升，企业获取大量廉价劳动力成本的时代已经成为历史，使用农民工机会成本增加；2019年起五险由税务部门足额征收，杜绝了部分企业不足额缴纳社保，即健全法律法规保障劳动者报酬合理上升；人口供给关系的变化，老龄化问题加剧等均造成人工成本上涨。

因此需要根据这些变化灵活调整人力资源战略。首先考虑用工方式的改变，将临时性、辅助性、可替代性的岗位工作尽量外包或考虑使用机器人及人工智能等代替。其次加强人工成本管理意识，努力再造或优化企业业务流程，合理定编定岗，减少人员浪费。最后，积极推广应用新技术、新工艺、新方法，严格培训考核，提高人均产出，用最少的人工成本创造最大的产出。

（三）人力资源管理组织形式变革趋势

对于整体组织而言，由传统组织形态转型为敏捷组织，是组织转型的趋势，例如，海尔的"小微组织"、韩都衣舍的"小组制运营"，华为的"铁三角作战单元"等。

伴随敏捷组织，人力资源管理必然需要转型，目前比较主流的是人力资源三支柱模型。HR三支柱模型是戴维·尤里奇（Dave Ulrich）在1997年提出的。由HR专家中心（HR Center of Expertise，HRCOE）、HR业务伙伴（HR Business Partner，HRBP）和HR共享服务中心（HR Shared Service Center，HRSSC）构成，改变了传统以六大职能模块为划分的标准体系，也称为3D模型，如图1-5所示。

HRCOE具有较高功能的人力资源专业知识中心或人力资源领域专家，属于三大支柱的政策中心，工作内容主要是借助本领域精湛的专业技能和对领先实践的掌握，制定总体人力资源战略、政策、流程、制度和计划，并为HRBP提供技术支持等。

笔记处

HRBP是中间职能职位，业务的合作伙伴，针对内部客户需求提供咨询服务和解决方案，他们是确保HR贴近业务需求的关键，是面向业务的人力资源解决方案的提供商和实施者。

HRSSC是基本职能职位，工作内容主要是日常操作事务，是标准化的服务提供商，负责解答管理者和员工的问询，帮助BP和COE从事务性工作中解脱出来，并对客户的满意度和卓越运营负责。

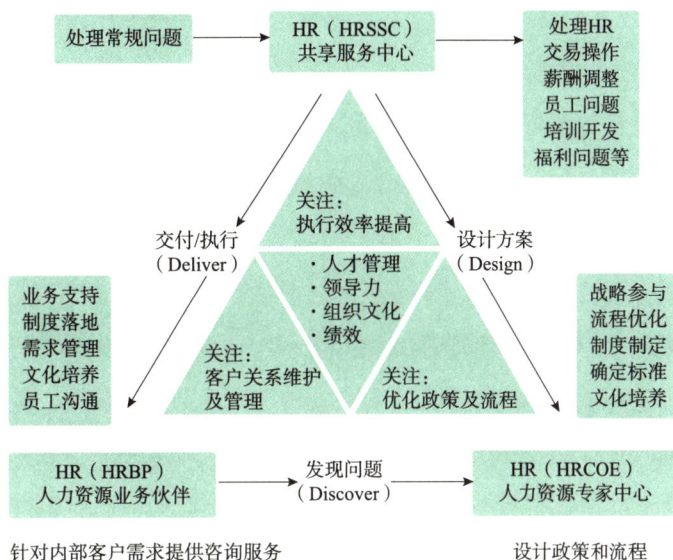

图1-5　人力资源三支柱模型（3D模型）

HRM三支柱模型源于组织战略，服务于组织业务，其核心理念是通过组织能力再造，让HR更好地为组织创造价值。首先是提升HR效能。HRBP深入业务现场，一方面提供统一的服务界面，提供端到端的解决方案；另一方面"将指导员配到连队"，为组织核心价值观的传承和政策落地提供组织保障，即通过HRCOE，建立HR专业能力，提升组织人力资源政策、流程和方案的有效性，并为HRBP服务业务提供技术支持。其次是提升HR效率。HRSSC通过提供标准化、流程化的服务，使主管和HR从操作性事务中释放出来，提升HR整体服务效率。

（四）全面薪酬理念广泛应用

目前部分组织采用的薪酬模式是岗位绩效工资制，部分国有企业和事业单位采用职务工资制。岗位绩效工资制很难突破宽带薪酬带宽的限制，不利于吸引行业最优秀的人才加盟。因此补充薪酬模式会得

笔记处

以倡导，如图1-6所示。

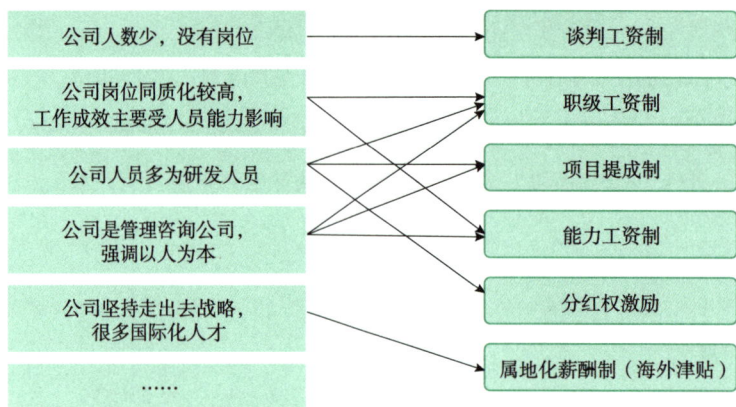

图1-6 补充薪酬模式

（五）绩效管理关注焦点从"目标"向"成效"过渡

现有组织的绩效管理有平衡计分卡（BSC）和关键绩效指标（KPI）考核模式等，本质上就是企业战略目标的逐层分解，最终落实到部门和岗位。但是这种模式在很多组织中的运行效果有限，甚至是走形式，因此目前不少企业在使用目标与关键成果法（Objectives and Key Results，OKR）。OKR由英特尔公司创始人安迪·葛洛夫（Andy Grove）发明，并由约翰·道尔（John Doerr）引入谷歌使用，1999年OKR在谷歌发扬光大，在脸谱（Facebook）、领英（LinkedIn）等企业广泛使用。2014年，OKR传入中国。2015年后，百度、华为、字节跳动等企业都逐渐使用和推广OKR。OKR要求公司、部门、团队和员工不但要设置目标，更要将组织战略和目标清晰地传达给员工，帮助员工熟悉组织的发展战略，而且员工有明确完成目标的具体行动，即员工知道能为公司的发展做什么，最终达到统一思想，为实现统一目标而努力工作。OKR是"我要做什么"，而BSC和KPI是"要我做什么"，本质是不同的。随着国内传统产业的互联网化以及新兴产业的高速发展，开放、灵活的管理模式将更加流行，OKR也将成为更多企业的选择。

（六）职业发展新趋势——多重职业发展方向

组织中的新生代员工不再满足"专一职业"这种无聊的生活方式，而是希望选择一种能够拥有多重职业和多重身份的多元生活。所以打通员工多重职业发展通道，已经成为摆在人力资源管理者面前刻

笔记处

不容缓的课题。以腾讯公司为例，腾讯专业通道由6个大级及18个小级组成，为员工提供了宽广的职业发展空间。同时，实行一年2次的晋升评价，评定周期短、晋升速度快，激励及时性效果显著，如图1-7、图1-8所示。

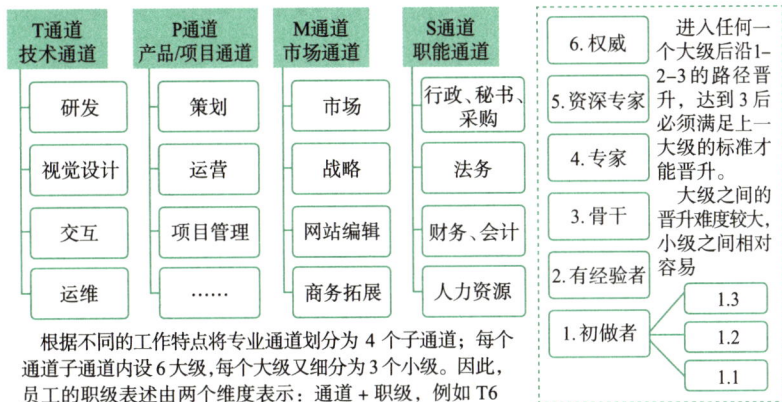

根据不同的工作特点将专业通道划分为4个子通道；每个通道子通道内设6大级，每个大级又细分为3个小级。因此，员工的职级表述由两个维度表示：通道 + 职级，例如 T6

图1-7 腾讯职业发展通道

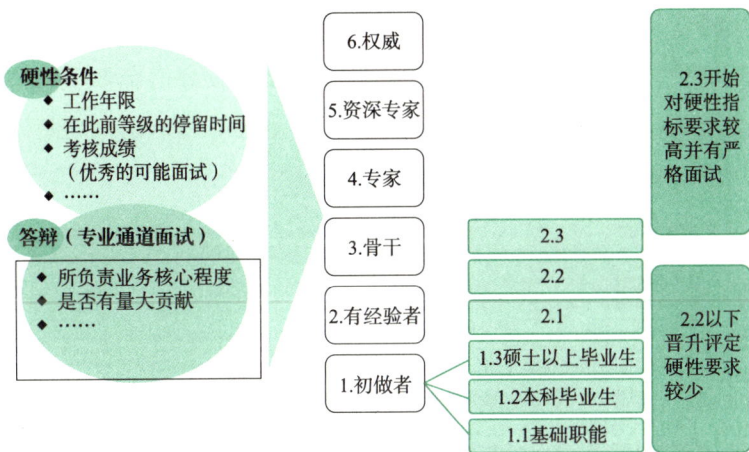

图1-8 腾讯职业晋升要求

（七）人力资源大数据应用，整体职能的数字化转型

组织进入大数据时代，为提高人力资源服务的质量和效率，帮助组织应对外部环境快速变化带来的挑战，需要建立大数据人力资源云平台，如人力资源共享服务中心，将人力资源管理工作从烦琐的事务性工作和日常管理上解脱出来。通过云平台实现科学系统的体系设计，贯穿人力资源规划、招聘、培训、薪酬、绩效、劳动关系整个流程，并提供强大数据支撑功能实现人员管理流程电子化、

笔记处

自动化，提高规范性和流程化管理效率。以招聘甄选为例，如图1-9所示。

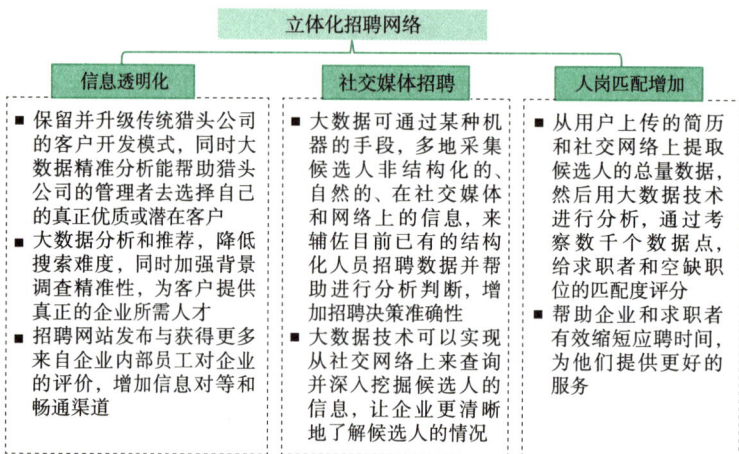

图1-9　人力资源大数据应用

综上所述，组织人力资源管理会不断发生重要的转型及变革，人力资源作为战略支撑的重要作用将进一步得到体现，人力资源和战略运营和业务发展的紧密结合，将是未来人力资源整体的发展趋势。企业需要化身裂变出更多小个体去灵活作战，洞察市场变化，了解用户需求，把握未来趋势，才能使组织敏捷、充满活力。

📢 学习研讨

背景描述	陈明刚入职企业人力资源部实习岗位，特别珍惜这份工作，想用学过的知识技能服务企业，但又感到无所适从
研讨主题	人力资源管理者应该具备什么样的素质和能力
成果展示	每个团队以PPT等形式展示

📢 学习评价

内容组织	素养提升			评价结果
内容全面且组织有条理：详细讲述新时代人力资源管理者应该具备的素质和能力	理念新、语言通顺简洁、思路清晰、重点突出	熟练运用PPT、视频、动画等信息化技术手段	很好体现团队协作精神，践行职业道德	优秀□

笔记处

内容组织	素养提升			评价结果
内容比较全面且组织比较有条理：较详细讲述新时代人力资源管理者应该具备的素质和能力	理念较新，语言较通顺、简洁，思路较清晰、重点突出	较熟练运用 PPT、视频、动画等信息化技术手段	较好体现团队协作精神和践行职业道德	良好□
内容不全面且组织条理不清：简单讲述新时代人力资源管理者应该具备的素质和能力	不能够很好组织语言，思路不清晰	不能熟练运用视频、动画等信息化技术手段	不能很好体现团队协作精神	一般□

学习检测

（1）人力资源的特征和构成内容是什么？

（2）人力资源管理和人事管理的主要区别是什么？

（3）人力资源管理的发展趋势体现在哪些方面？

学习检测

学习小结

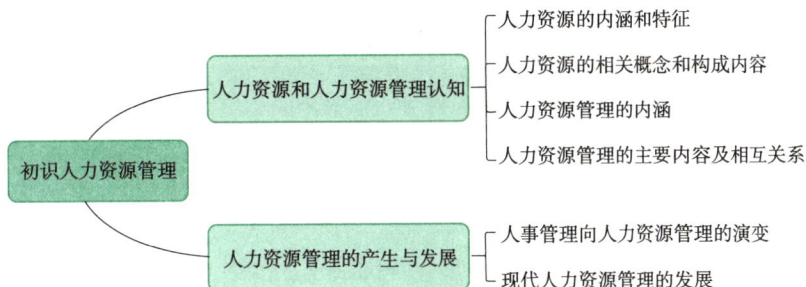

笔记处

单元二　认识工作分析与设计

情景导入

人力资源部王经理为了培养没有任何工作经验的大学生陈明，在他工作两周后，安排他到生产车间锻炼一个月，以熟悉公司整体和各部门的运作流程。

陈明到车间之前，虽然已经了解该车间员工的基本情况和相关工作内容，但是他看到的一幕仍出乎意料：一个机床操作工把大量的液体洒在机床周围的地板上，车间主任让操作工把洒在地板上的液体打扫干净，操作工拒绝执行，理由是工作说明书里并没有包括清扫地板的条文。车间主任顾不上去查工作说明书上的原文，刚好看到服务工，就叫他来做清扫工作。但服务工同样拒绝，理由是他的工作说明书里也没有包括清扫地板这项工作，他认为这个工作应该由勤杂工来完成，因为勤杂工的责任之一是做好清扫工作。面对车间主任的为难，陈明主动过去进行了清扫。

工间休息时，陈明查阅了这三类人员（机床操作工、服务工和勤杂工）的任职说明书。机床操作工的工作说明书上规定：操作工有责任保持机床的清洁，使之处于可操作的状态，但并未提及清扫地板；服务工的工作说明书上规定：服务工有责任以各种方式协助操作工，如领取原料和工具、随叫随到、即时服务，但也没有包括清扫地板工作。勤杂工的工作说明书确实包括了各种形式的清扫工作，但他的工作时间是从其他工人下班以后开始。出现这种情况该如何处理呢？

要想彻底解决上述问题，必须树立系统观念。党的二十大报告提出，必须坚持系统观念。万事万物是相互联系、相互依存的。要把握好全局和局部、当前和长远的关系。从公司整体性、全局性谋划，利用科学的分析程序、选择科学的分析方法，修改和完善工作说明书、明确岗位职责，进行系统的工作分析与设计。

笔记处

学习目标

1.知识目标

了解工作分析的作用，掌握工作分析的内涵及方法，熟悉工作分析的程序，理解工作设计的内容和方法。

2.技能目标

学会组建工作分析小组，能根据工作分析的目的选择恰当的分析方法，能设计工作分析的程序，能撰写简单岗位的工作说明书。

3.素养目标

培养系统观念、科学思维，提高信息的收集、整理和分析能力，培养团队意识。

任务一 工作分析准备

一、工作分析认知

人力资源管理是对人的管理，它在组织内部以组织所承担或从事的活动为基础进行，而一个组织所进行的活动最终都要落实到具体的职位上，表现为职位所对应的工作。因此，为了更好地进行人力资源管理，首先必须对组织内部各个职位的工作活动进行充分的了解，而这正是工作分析所要完成的任务。

（一）工作分析的含义

工作分析（Job Analysis）又称岗位分析、职位分析，是对各类工作岗位的性质任务、职责权限、岗位关系、劳动条件和环境，以及员工承担本岗位任务应具备的资格条件所进行的系统研究，并制定出工作说明书等岗位规范的过程。

工作分析是人力资源管理的一项职能活动，其主体是工作分析者，客体是组织内部的各个职位，内容是与职位有关的情况，结果是工作说明书，也称职位说明书或岗位说明书。它是人力资源管理必不可少的重要文件，更是其他人力资源管理工作的基础。

工作说明书包含工作描述和工作规范。工作描述是关于某种工作职务所包括的任务、职责以及责任的说明，主要包括工作职务目的、任务或职责、权利、隶属关系、工作条件等内容。工作规范是一个人

笔记处

为了完成某种特定的工作所必须具备的知识、技能、能力以及其他特征的说明。主要包括完成工作所需要的知识、能力、行为以及人员条件等内容。

（二）工作分析的内容和要解决的主要问题

1.工作分析的内容

工作分析就是要为管理活动提供与工作（职位、岗位）有关的各种信息，这些信息可以用"6W1H"来概括："Who"，谁来完成这些工作？"What"，员工需要完成什么样的体力和脑力活动，即具体的工作内容是什么？"When"，工作时间的安排是什么，即工作将在什么时候完成？"Where"，工作将在哪里完成，即工作地点在哪里？"Why"，从事这项工作目的是什么，为什么要完成这些工作？"For who"，工作的服务对象是谁？"How"，员工如何完成这些工作？

上述的工作信息，一般从职位现任职者本人、管理监督者、工作分析专家、顾客、职业分类大典以及以往的分析资料等渠道，通过访谈、工作现场观察、查阅相关资料等方法获取。

2.工作分析要解决的主要问题

工作分析要解决以下两个主要问题：一是"某一职位是做什么事情的"？这一问题与职位上的工作活动内容有关，包括工作的名称、职责、要求、场所、时间以及条件等一系列内容；二是"什么样的人最适合做这些事情"？这一问题与适任该职位的人的任职资格有关，包括专业、年龄、必要的知识和能力、必备的资格证书、工作经历以及心理要求等。

（三）组织进行工作分析的情形

通常情况下，组织进行工作分析有以下情形。

（1）新建的企业或部门为满足组织设计与人员招聘需要必须进行工作分析。

（2）由于战略调整和业务发展使工作内容、工作性质发生变化，需要进行工作分析。

（3）企业技术创新带来劳动生产率的提高，需要重新进行定岗、定员。

（4）建立新制度的需要，如绩效管理、晋升、培训机制的建立和完善。

笔记处

二、工作分析的作用

工作分析是人力资源管理的一项基础性工作，它在整个人力资源管理中占有非常重要的地位，发挥着非常重要的作用。

（一）为其他人力资源管理活动提供依据

工作分析是制订有效的人力资源规划，进行各类人才供给和需求预测的重要前提。任何组织对岗位人员的配备和安排都要依据人力资源规划，并且根据计划期内的任务量、岗位变动情况和发展趋势进行中长期的人力资源供求预测。工作分析所形成的工作说明书为上述工作提供了重要前提。

工作分析为招聘、甄选、录用合格的员工奠定了基础。招聘环节应根据工作说明书中所要求的任职资格条件甄选应聘者，才能为组织配置适合岗位数量和质量要求的人才。

工作分析是组织改进工作设计、优化劳动环境的必要条件。通过工作分析，确定岗位的职责和要求，建立工作规范，发现工作中不利于员工发挥能力和调动积极性的方面，以及工作环境中有损于工作安全、加重工作负担、造成工作疲劳与紧张的各种不合理因素。有利于改进工作设计、优化劳动环境，从而最大程度地调动员工工作积极性。

工作分析帮助设计积极的员工培训方案。工作分析明确了从事岗位工作应该具备的技能、知识、能力与行为态度，以及与提高绩效相关的关键性工作行为。员工的实际工作绩效与其理想工作绩效的差距，即为培训需求分析的基础。因此，可以按照工作分析的结果设计和制订培训方案，促进员工技能、知识、能力与行为态度的不断进步，进而提高劳动生产率。

工作分析为员工的考评、晋升提供了依据。根据工作分析的结果，人力资源部可制订出各类人员的考评指标和标准，以及晋升的具体条件，提高绩效考评和晋升的科学性。

工作分析是工作岗位评价的基础，而工作岗位评价又是建立公平合理薪酬制度的重要步骤。因此，工作分析是组织建立对外具有竞争力、对内具有公平性、对员工具有激励性的薪酬制度的基础。

（二）对企业整体的管理具有一定的帮助

通过工作分析，有助于员工反省和审查自己的工作内容和工作行

笔记处

为，以帮助员工自觉主动地寻找工作中存在的问题，圆满实现职位对于组织的贡献。

在工作分析过程中，人力资源管理人员能够充分地了解组织经营的各个重要业务环节和业务流程，从而有助于人力资源管理职能真正上升到战略地位。

借助于工作分析，组织的最高经营管理层能充分了解每一个工作岗位上的员工目前所做的工作，可以发现职位之间的职责交叉和职责空缺现象，并通过职位及时调整，提高组织的协同效应。

为了更加直观地了解工作分析这一活动，图2-1用一个系统模型把它加以表示。

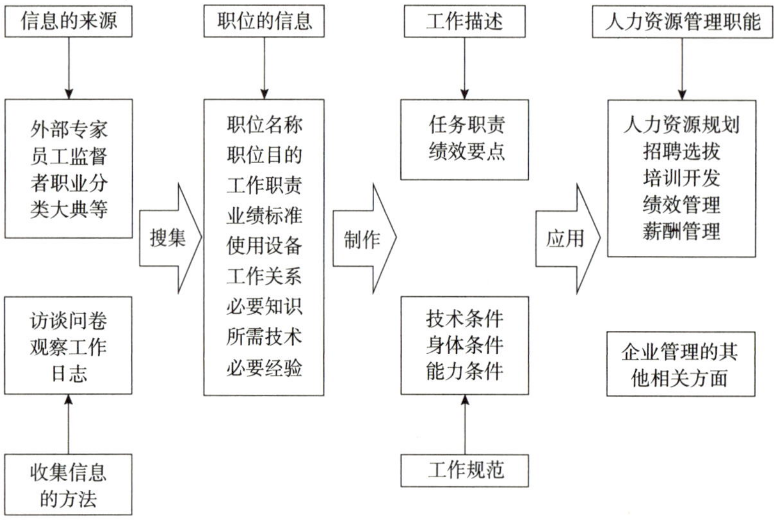

图2-1　工作分析系统模型

任务二　选择工作分析方法

一、观察法

观察法指分析人员通过对员工正常工作状态进行观察，把有关工作的内容、行为、方法、程序、工具及工作环境等信息记录下来，并通过对信息进行比较、分析、归纳等得出工作分析结果的方法。

（一）观察法的使用原则

使用观察法进行工作分析时，遵循以下原则：第一，被观察员工的工作应相对稳定，即在一定时间内，工作内容、程序、对工作人员

笔记处

的要求不会发生明显变化。第二，被观察员工的工作是标准化的，且周期较短，而非难以测量的脑力活动的工作或者偶然发生的重要工作。第三，观察同一岗位多名任职者的工作，综合分析工作信息，选择有代表性的样本。第四，观察人员尽可能不干扰被观察员工的工作，观察前要有详细的观察提纲，保证观察信息全面准确。观察提纲如表2-1所示。

表2-1 工作分析观察提纲（部分）

被观察者姓名：	日期：
观察者姓名：	观察时间：
工作类型：	工作部门：
观察内容： 1.什么时候开始正式工作？ 3.上午休息几次？ 5.第二次休息时间。 7.平均多长时间完成一件产品？ 9.每次交谈约多长时间？ 11.上午抽了几支香烟？ 13.什么时候开始午休？ 15.搬了多少次原材料？	2.上午工作多少小时？ 4.第一次休息时间。 6.上午完成多少件产品？ 8.与同事交谈几次？ 10.室内温度。 12.上午喝了几次水？ 14.出了多少次品？ 16.工作场所噪声分贝。

（二）观察法的实施步骤

观察法是最为简单的一种方法，其实施步骤如图2-2所示。

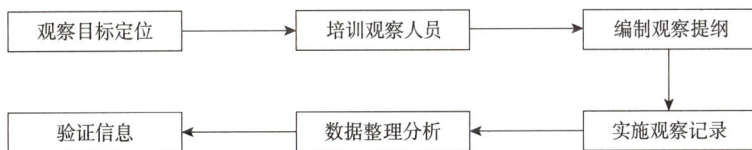

图2-2 观察法的实施步骤

（三）观察法的优缺点和适用范围

通过直接观察员工的工作，分析人员能够比较全面、深入地了解工作要求，收集到的信息多为第一手资料，排除了主观因素的影响，比较客观、准确。但是观察法不适用于工作周期较长和以脑力劳动为主的工作，如设计师、精算师；也不适用于观察紧急、突发性的重要工作，如急救护士；且观察人员不能获得有关岗位任职资格要求方面的信息；另外工作量太大，耗时过长，有时可能引起被观察员工的反感。

笔记处

观察法适用于工作内容是由身体活动来完成，而且周期性短、重复性强的工作。在使用时注意：工作样本要有代表性，不要干扰员工的活动；观察结束后，及时与被观察者就被观察信息进行沟通确认。

二、访谈法

访谈法指工作分析人员通过访谈工作的承担者获取信息的分析方法。访谈对象包括该工作岗位的任职者、对工作较为熟悉的直接主管人员、与该工作岗位联系比较密切的工作人员、任职者的下属等。

（一）访谈法的使用原则

访谈法是目前企业中运用最广泛、最有效的工作分析方法之一，要取得访谈成功，需要遵循以下原则：第一，访谈对象是最了解工作内容、最能客观描述职责的员工。第二，必须尽快与被访谈者建立融洽的关系，使用通俗的语言交谈，让被访谈者了解访谈目的和原因。第三，在访谈过程中，只倾听记录，不发表看法。第四，要求被访谈者按照工作任务的重要性大小和发生频率的高低进行列举，防止遗漏。第五，访谈前要有详细、完整的访谈方案并留出空白供员工填写。第六，访谈结束后，要对所得资料进行检查和核对，请任职者和其直接主管做适当的修改和补充，并签字确认（表2-2）。

表2-2　访谈调查方案

访谈目的	为了更好地明确各个岗位的工作职责和任务，保证各个岗位之间相互协调、配合，共同实现企业的目标，现企业人力资源部门对企业各个岗位进行一次全面的工作分析活动			
访谈人员的构成	姓名	职务	所在部门	联系方式
访谈对象	姓名	职务	采访时间	联系方式
访谈问题	请问您的姓名、职务、职务编号是什么？ 您在哪个部门？直接上级主管是谁？部门经理是谁？ 所在岗位的主要工作任务和职责有哪些？ 工作权限包括哪些？ 工作中需要同哪些部门或人员接触？ 其他			
访谈的形式	个别访谈法、集体访谈法、主管人员访谈法			

笔记处

访谈注意事项	访谈人员要创造和谐、良好的访谈氛围，访谈人员应注意做好记录，保证信息的真实性、准确性	
访谈者签字	被访谈者签字	
访谈时间		

（二）访谈法的实施步骤

为保证访谈效果，按图2-3所示步骤实施访谈。

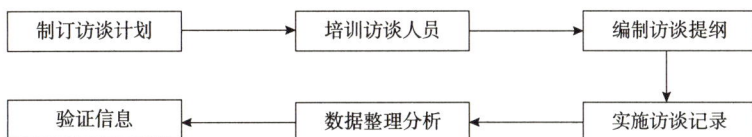

图2-3 访谈法的实施步骤

（三）访谈法的优缺点和适用范围

访谈法能够简单、迅速、深入地收集工作分析资料，了解其他方法不容易发现的情况，有助于发现问题，准确性高、适用性强。但被访谈者往往夸大工作的责任和难度，容易引起工作分析资料的失真和扭曲。同时，对访谈者的沟通技巧要求高，费时费力、成本高。

访谈法适用于脑力劳动者，如开发人员、设计人员、高层管理人员等。使用时应注意，既要对访谈者进行培训，也要进行事前研究和沟通，还要有一定的沟通技巧，要进行信息确认。

三、问卷调查法

问卷调查法是根据工作分析的目的、内容等编写结构性调查表，内容可简可繁，由工作岗位的任职者填写后回收整理，提取出工作信息的一种方法。它是工作分析中最常用适用、范围较广的获取工作信息的方法。

（一）问卷调查法的使用原则

问卷调查法中的问卷通常包括结构化问卷、开放式问卷以及由两种结合的混合式问卷。问卷的设计直接影响问卷调查法的成败，因此

笔记处

设计时应遵循以下原则：第一，问题和备选答案的设计要准确，避免使用生涩难懂的文字或词语。第二，文字表达清楚、简洁，让被调查者很清晰地明白所要回答的问题。第三，设计问卷时，应避免带有倾向性的、诱导性的问题。例如，"大多数员工认为，该职位的任职资格应是需要1~2年相关的工作经验，您也是这样认为吗？"把能吸引被调查者兴趣的问题和简单的问题放在前面，难以回答的、开放式的问题放在后面；按照时间的先后顺序排列，如表2-3所示。

表2-3　某制造公司工作分析问卷调查表

姓名		所在岗位		所属部门	
直接上级		本岗位工作时间		填写日期	
任务综述	请用自己的语言简要叙述你的主要工作任务。如果你还负责写报告或做记录，请同时完成第八部分的内容				
特定资格要求	请列举为了完成由你的职位所承担的那些任务，需要具有哪些证书、文凭或资格证				
设备工具	请列举为了完成本职位的工作，你通常使用的所有设备、机器、工具（如打字机、计算器、汽车、车床、叉车、钻机等） 机器名称（　　　），平均每周使用时间，次数（　　　）				
常规工作任务	请用概括的语言描述你的常规工作任务。请根据各项任务的重要性以及每个月每项任务所花费时间的百分比将其从高到低排列，并尽可能多地列出工作任务，如果此处空白不够，请另外附纸				
工作接触	你所从事的工作要求你与其他部门和其他人员、其他公司或机构有所联系吗？如果是，请列出要求与他人接触的工作任务并说明其频繁程度				
监督	你的职位负有监督职责吗？（ ）有（ ）没有。如果有，请另外填写一张附加的监督职位工作问卷，并把它附在本表格上。如果你的职位对其他人的工作还负有责任但不是监督职责的话，请加以解释				
决策	请解释你在完成常规工作的过程中所要做出的决策有哪些？ 如果你所做出的判断或决定的质量不高、所采取的行动不恰当，那么可能会带来的后果是什么				
文件记录责任	请列出需要由你准备的报告或保存的文件资料有哪些？并请概括说明每份报告都是递交给谁的 （1）报告（ ）递交给（ ）（2）保存的资料有（ ）				
监督的频率	为进行决策或决定采取某种正确的行动程序，你必须以一种怎样的频率同你的主管或其他人协商？（ ）经常（ ）偶尔（ ）很少（ ）从来不				
工作条件	请描述你是在一种什么样的条件下进行工作的，包括内部条件、外部条件、空调办公区域等。请一定将所有令人不满意或非常规的工作条件记录下来				

笔记处

资历要求	请指出为令人满意地完成本职位的工作，工作承担者需要达到的最低要求是什么？ （1）教育：最低学历（　）受教育年限（　）专业或专长（　） （2）工作经验：工作经验的类型（　）工作经验的年限（　） （3）特殊培训：类型（　）年限（　） （4）特殊技能：打字：（　）字/分钟　　速记：（　）字/分钟 （5）其他（　）
其他信息	请提供前面各项中所未能包括但你认为对你的职位来说是十分重要的信息
员工签名：	日期：

（二）问卷调查法的实施步骤

问卷调查法是通过调查问卷获取工作分析的信息，其实施步骤如图2-4所示。

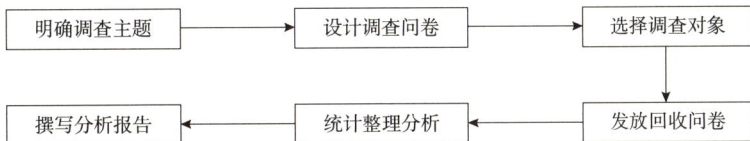

图2-4　问卷调查法的实施步骤

（三）问卷调查法的优缺点和适用范围

问卷调查法的调查样本量大、范围广，分析资料可以量化，由计算机进行数据处理，便于统计和分析；且节省时间和人力，费用低、速度快；问卷可以在工作之余填写，不影响工作。缺点是问卷设计要求高，否则容易出现信息偏差；无法面对面地交流信息，因此不容易了解被调查对象的态度和动机等较深层次的信息；不易唤起被调查对象的兴趣和反馈，可能会影响调查的质量；除非问卷很长，否则很难获得足够详细的信息。

问卷调查法适用于脑力工作者、管理工作者或工作不确定因素很大的员工，如软件开发人员，行政经理等。

四、工作日志法

工作日志法又称工作写实法，是由员工本人以工作日记或工作笔记的形式将其日常工作中从事的每一项活动按照时间顺序记录下来，

笔记处

自行收集工作分析所需信息的方法。

（一）工作日志法的使用原则

使用工作日志法应遵循以下原则：第一，按工作活动发生的顺序及时填写，避免在当天工作结束后合并填写。第二，严格按照表格要求填写，切勿遗漏工作细节，保证信息完整。第三，填写真实信息，并注意保留，防止遗失（表2-4）。

表2-4　某公司工作日志示例

姓名		岗位名称		直接上级	
年龄		所属部门		业务工龄	
填写日期	5月5日	工作开始时间	上午8:30	工作结束时间	下午5:00
序号	工作活动名称	工作活动内容	工作活动结果	时间消耗	备注
1	复印	协议文件	4页	2分钟	存档
2	起草公文	贸易代理委托书	8页	1小时30分钟	报上级审批
3	贸易洽谈	玩具出口	1次	40分钟	承办
4	布置工作	出口业务	1次	20分钟	指示
5	会议	讨论东欧贸易	1次	1小时20分钟	参与
……	……	……	……	……	……
16	请示	货代数额	1次	20分钟	报批
17	计算机录用	经营数据	2屏	1小时	承办
18	接待	参观	3人	35分钟	承办

（二）工作日志法的实施步骤

"工作日志"的格式因工作分析目的不同而不同，其实施步骤如图2-5所示。

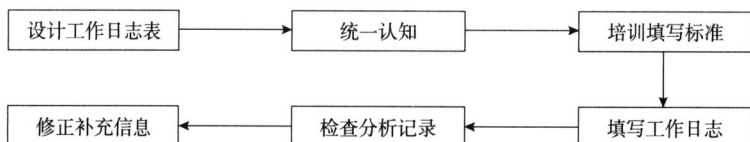

设计工作日志表 → 统一认知 → 培训填写标准
修正补充信息 ← 检查分析记录 ← 填写工作日志

图2-5　工作日志法的实施步骤

（三）工作日志法的优缺点和适用范围

工作日志法收集的信息可靠性强，适于确定有关工作职责、工作内容、工作关系、劳动强度等方面的信息；所需费用较低；对于高水平与复杂性工作的分析，比较经济有效；如果工作记录很详细，分析人员会收获一些用其他方法无法获得或者观察不到的细节。缺点是将注意力集中于活动过程，而不是结果；使用范围较小，只适用于工作循环周期较短、工作状态稳定无大起伏的职位；信息整理的工作量大，归纳工作烦琐；员工可能遗漏、夸大或缩小某些工作活动，从而影响分析结果。

工作日志法适用于复杂、周期较短、状态稳定的工作。

任务三　工作分析的具体实施

一、工作分析的程序

工作分析是一项技术性很强的工作，为了保证实施的效果，在实际操作过程中必须遵循一定的程序。一般来说，可以分为准备、调查、分析和总结完成四个阶段。

（一）准备阶段

1.确定工作分析的目的

确定取得工作分析资料到底用来干什么？解决什么问题？工作分析的目的不同，所收集的信息和使用的方法也会不同。只有确定了工作分析的目的，才能正确确定调查的范围、对象和内容，同时在一定程度上也决定了将使用何种方法来搜集资料。

2.成立工作分析小组

为了保证工作分析的顺利进行，要成立工作分析小组，分配进行工作分析活动的责任和权限。小组的成员一般由组织高层领导、人力资源部和相关职能部门的人员及外聘人员组成。为了保证工作分析的效果，应由外部的专家和顾问对本企业参加工作分析小组的人员进行业务上的培训。

3.确定调查和分析对象的样本

需要考虑样本的代表性，考虑人员、设备和工作任务的种类，以及把工作任务和程序分解成若干工作单元和环节以便逐项完成。

笔记处

4.取得支持和认同

在进行工作分析之前，一定要与最高管理层沟通，获得他们的支持。另外，员工对工作分析的认同是相当重要的，要告诉员工什么是工作分析，目的为何，否则可能会导致负面影响，使员工对工作分析感到困惑而不配合。

（二）调查阶段

调查阶段是工作分析的第二阶段，主要是对整个工作过程、工作环境、工作内容和工作人员等方面做一个全面的调查。具体工作如下。

1.制订工作分析计划进度表，收集工作的背景资料

为保证调查有条不紊地进行，要制订工作分析计划进度表，按时间进度开展每一项工作。还要收集组织结构图、工作流程图，或者以前的工作分析资料。

2.灵活地选择和运用分析方法收集资料

根据工作分析的目的，选择和运用观察法、面谈法、问卷法、工作日志法、关键事件法等不同的分析方法，编制各种调查问卷和提纲，通过员工本人、主管、顾客、分析专家或职业分类词典等渠道收集资料。一般来说，收集的资料有工作活动，工作承担者的活动，工作中使用的机器、设备、工具及辅助用品等，与工作有关的有形或无形因素，工作绩效的信息，工作背景条件，任职者的资格条件等。

（三）分析阶段

这是工作分析的关键环节，是对调查的结果进行整理、审查和深入分析。这一阶段需要进行以下几项工作。

1.整理资料

将搜集到的信息按照工作说明书的各项要求进行归类整理，检查是否有遗漏的项目，如果有的话要返回上一个步骤，继续调查搜集。

2.审查资料

资料进行归类整理以后，工作分析小组成员要一起对所获工作信息的准确性进行审查，如有疑问，就需要与相关人员进行核实，或者返回上一个步骤，重新调查。

笔记处

3.分析资料

如果搜集的资料没有遗漏也没有错误，那么接下来就要对这些资料进行深入的分析，也就是说要归纳总结工作分析的必需材料和要素，揭示各个职位的主要成分和关键因素。

需要注意的是，在分析过程中，首先应当将某项职责分解为几个重要的组成部分，然后重新组合，而不是对工作活动的简单罗列。其次工作分析的是职位，而不是目前职位上的任职者。最后分析应当以目前的工作现状为基础，不能妄加将来的职位设想。

（四）总结完成阶段

这是工作分析过程的最后一个阶段，此阶段的任务是前三个阶段工作的目标。

1.编写工作说明书

根据信息分析处理的结果草拟工作说明书，并反馈给相关人员进行核实，对意见不一致的地方要重点讨论修正，无法达成一致的要返回到第二阶段，重新调查分析。最后形成对工作说明书的定稿。

2.总结工作分析过程

要总结工作分析中的问题和经验，注意保存形成的工作说明书和其他资料，以便以后更好地进行工作分析。

3.运用工作分析结果

工作分析的结果不仅可以用在员工招聘、人员培训、绩效和薪酬管理等方面，还可以用在企业管理的其他方面，要真正发挥工作分析的作用。

二、工作说明书的编写

工作说明书是工作分析的结果，是通过对工作信息的收集、分析和综合，形成的书面文件。

（一）工作说明书的内容

工作说明书（岗位说明书或职位说明书）是对某类岗位的工作性质、任务、责任、权限、工作内容和方法、工作应用、工作环境和条件，以及本岗位人员资格条件所做的书面记录。它是组织重要的人事文件之一，包括的内容如图2-6所示。

笔记处

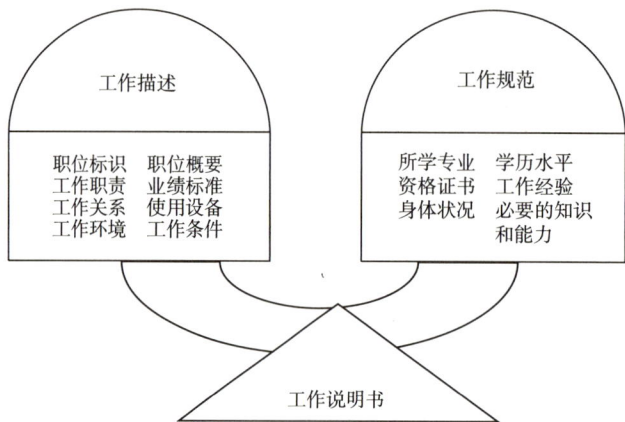

图2-6 工作说明书的内容

1.工作描述

工作描述也称职务描述，一般包括以下几方面。

（1）职位标识。职位的标签，能够使人们对职位有直观的印象。职位标识由职位编号、职位名称、所属部门、直接上级、职位薪点等组成。职位编号是为了方便职位管理，根据组织的实际情况编写的，如HR-03-01，其中"HR"表示人力资源部，"03"表示部门经理级，"01"表示人力资源部全体员工的编号。职位名称应当简洁明确，反映职位的主要职责内容和职务，如人力资源主管、绩效专员等。职位薪点是工作评价得到的结果，反映了职位的相对重要性，也是确定该职位基本工资的基础。

（2）职位概要。用一句或几句比较简练的话说明这一职位的主要职责，让不了解者看到职位概要后清楚需要承担的职责。

（3）工作职责。是职位概要的具体细化，要描述该职位承担的职责以及每项职责的主要任务和活动。描述时要按照这些职责的内在逻辑顺序和各项职责所占用时间的多少进行排列，并且要准确地使用动词，如制订、编制、调查、主持、建立、指导、协调、监督、执行、建议、参与、审批、提供、提交处理、预防、解决等，最好按照动宾短语的格式描述，尽量避免使用负责和笼统的词语。

（4）业绩标准。职位上每项职责的工作业绩衡量要素和衡量标准，前者是从哪些方面来衡量工作职责完成情况，后者是必须达到的最低要求，这一标准可以是具体的数字，也可以是百分比。

（5）工作关系。正常工作情况下，主要与哪些部门、职位、人员发生工作关系。偶尔的联系不包括在内。

（6）使用设备。工作过程中需要使用的工具、仪器和设备等。

（7）工作环境。工作的物理环境，如温度、湿度、噪声等。

（8）工作条件。工作时间要求、工作地点、加班情况等。

2.工作规范

工作规范即任职资格的具体内容。国内外学者的看法不尽相同，综合各方面的研究成果，一般来说，任职资格包括所学专业、学历水平、资格证书、工作经验、身体状况、必要的知识和能力等。这是对工作岗位承担者的最低要求。

（二）工作说明书的编写要求

第一，清晰、具体、简短扼要。描述要准确，语言简练，用词恰当具体，便于任职者把握。第二，指明范围，充分显示工作的真正差异。工作说明书是对工作进行全面清楚的描述，任职者阅读后能明确自己的工作职责、考评标准和工作流程。第三，文件格式统一，内容完整。工作说明书是人力资源管理系统的重要文件资料，文件格式要统一，内容要完整，从程序上保证文件的全面性和完整性。

任务四　工作设计认知

一、工作设计的概念和主要内容

（一）工作设计的概念

工作设计（Job Design）指为了有效达到组织目标与满足个人需要而进行的工作内容、工作职能和工作关系的设计。也就是说，工作设计是一个根据组织及员工个人需要，规定某个岗位的任务、责任、权力以及在组织中工作关系的过程。

（二）工作设计的主要内容

工作设计主要包括工作内容、工作职责和工作关系的设计。

1.工作内容设计

工作内容的设计是工作设计的重点，一般包括工作广度、工作深度、工作的完整性、工作的自主性以及工作的反馈五个方面。

一是工作的广度，即工作的多样性。工作设计得过于单一，员工容易感到枯燥和厌烦，因此设计工作时，尽量使工作多样化，使员工

笔记处

在完成任务的过程中能进行不同的活动，保持工作的兴趣。

二是工作的深度。设计的工作应具有从易到难的一定层次，对员工工作的技能提出不同程度的要求，从而增加工作的挑战性，激发员工的创造力和克服困难的能力。

三是工作的完整性。保证工作的完整性能使员工有成就感，即使是流水作业中的一个简单程序，也要是全过程，让员工见到自己的工作成果，感受到自己工作的意义。

四是工作的自主性。适当的自主权力能增加员工的工作责任感，使员工感到受到了信任和重视。认识到自己工作的重要性，使员工工作的责任心增强，提高工作热情。

五是工作的反馈。工作的反馈包括两方面信息：第一，同事及上级对自己工作意见的反馈，如对自己工作能力、工作态度的评价等；第二，工作本身的反馈，如工作的质量、数量、效率等。工作反馈信息使员工对自己的工作效果有个全面的认识，能正确引导和激励员工，有利于工作的精益求精。

2.工作职责设计

工作职责设计主要包括工作责任、工作权力、工作方法以及工作中的相互沟通和协作等方面。

一是工作责任。工作责任设计是员工在工作中应承担的职责及压力范围的界定，也就是工作负荷的设定。责任的界定要适度，工作负荷过低，无压力，会导致员工行为轻率和低效；工作负荷过高，压力过大又会影响员工的身心健康，会引起员工的抱怨和抵触。

二是工作权力。权力与责任是对应的，责任越大，权力范围越广，如果二者脱节，会影响员工的工作积极性。

三是工作方法。包括领导对下级的工作方法，组织和个人的工作方法设计等。工作方法的设计具有灵活性和多样性，不同性质的工作根据其工作特点的不同采取的方法也不同，不能千篇一律。

四是相互沟通。沟通是一个信息交流的过程，是整个工作流程顺利进行的基础，包括垂直沟通、平行沟通、斜向沟通等形式。

五是协作。整个组织是有机联系的整体，是由若干个相互联系相互制约的环节构成的，每个环节的变化都会影响其他环节以及整个组织运行，因此各环节之间必须相互合作、相互制约。

笔记处

3. 工作关系设计

组织中的工作关系，表现为协作关系、监督关系等方面。通过工作分析进行设计，以工作说明书和规章制度的形式规范遵循。

通过以上三方面的工作设计，为组织的人力资源管理提供了依据，保证职得其人，人尽其才，人事相宜；优化人力资源配置，为员工创造更能发挥自身能力，提高工作效率，提供有效管理的环境保障。

二、工作设计的方法及注意的问题

（一）工作设计的方法

工作设计的方法有多种，主要介绍以下四种。

1. 工作轮换

工作轮换指在组织的不同部门或在某一部门内部轮换员工所从事的工作。目的在于让员工积累更多的工作经验，减轻工作的单调性、乏味性。具体表现为：工作轮换要求员工掌握多种专业知识和技能，推动学习型组织创建和复合型人才的培养；工作轮换增加了工作任务安排的灵活性，可以顶替缺勤员工等；通过互换工作岗位，使员工体验其他工作岗位上的难处和责任，有利于不同岗位之间的沟通、理解和协调配合；有助于扩大员工的视野，并站在全局的高度去考虑问题，充分发挥员工参与管理的积极性。但是，工作轮换不能从根本上解决工作的单调性及乏味性问题。

2. 工作扩大化

工作扩大化指工作任务的横向扩大，即给工作者增加工作任务，使每一个工作者都参与完成一项任务的全过程或整项任务的大部分过程。这样他们能够看到自己的工作成果，如果顾客对他们生产的产品或提供的服务表示满意或赞许，这会使任职者感受到一种成功的喜悦，对工作产生满足感。

但是扩展后的工作与员工以前承担的工作内容非常相似，只是一种工作内容在水平方向上的扩展，不需要员工具备新的技能，所以，并没有改变员工工作的枯燥和单调。

3. 工作丰富化

工作丰富化是在岗位现有工作的基础上，通过充实工作内容，增

笔记处

加岗位技术和技能含量，赋予员工更多的责任、自主权和控制权，使岗位工作更加多样化、充实化，消除因单调、乏味的工作而产生的枯燥、厌倦情绪，从心理、生理上满足员工的合理要求。工作丰富化的方法如图2-7所示。

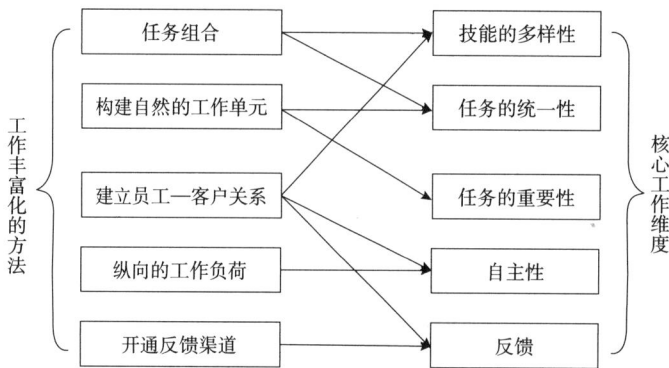

图2-7　工作丰富化的指导原则

一是任务组合。任务组合是对现有的零散工作任务进行清理，然后组合在一起，形成新的内容丰富的工作单元，以便增强技能的多样性和任务的统一性。

二是构建自然的工作单元。此方法是让员工独立自主地负责一个有意义的工作整体，而不是仅负责其中一个环节。要求员工自身对工作进行全面计划、执行和监控，让他们感到工作是有意义的而且重要的，增强他们对工作的责任感。

三是建立员工—客户关系。使生产者和产品使用者相联系，这样不仅使生产者知道评价产品的标准，还可以提高员工技能的多样性、自主性和反馈程度。

四是纵向的工作负荷。尽可能地给生产者计划、参与和控制自己工作的权力。这样，不需要太多专门培训，生产者的控制能力就会提高，还可以弥合工作中执行和控制之间的鸿沟，增强员工的工作自主性。

五是开通反馈渠道。给员工提供一条反馈渠道，就像有了一面镜子，能反映员工的绩效，了解自身的成绩和不足，明确今后努力的方向，有助于绩效改进。

工作丰富化指导原则下员工会承担更多种的任务、更大的责任，有更大的自主权和更高程度的自我管理，以及对工作绩效的反馈。从

笔记处

根本上解决了工作的单调性、乏味性问题。

4.弹性工作制

弹性工作制是在完成既定工作任务的前提下，员工自由安排工作时间，灵活处理工作与生活的关系。主要有两种形式：一是固定与弹性相结合，即员工工作时间分为固定和弹性两部分，固定时间要按时上下班，弹性时间自由安排。二是任务中心制，即员工每天要在保质保量完成工作任务的前提下，自由安排上下班。

（二）工作设计应注意的问题

第一，给员工尽可能多的自主性和控制权，如维修部经理允许维修人员自己订购零件和保管存货。第二，让员工对自己的绩效做到心中有数，如主管与下属进行定期的绩效反馈面谈，并且建立渠道让员工了解同事和客户对自己的评价。第三，在一定范围内让员工自己决定工作节奏，如实行弹性工作时间政策。第四，让员工尽量负责完整的工作，如建立项目管理制度，使员工独立负责一个项目从而接触一项工作的全部过程。第五，让员工有不断学习的机会，如让员工参加各种技能的培训，不断更新知识结构，丰富技能，以满足岗位工作的需要。

💬 学习研讨

背景描述	选择任一组织中的任一岗位
研讨项目	该岗位的工作说明书和工作规范撰写
研讨目的	用学过的分析方法和程序对该岗位进行工作分析，写出工作说明书和工作规范
成果展示	每个团队的成果以PPT等形式展示

💬 学习评价

内容组织	素养提升			评价结果
内容全面且组织有条理：团队分工明确，工作分析方法选择恰当，程序实施顺利，熟练地收集、整理、分析信息资料，工作说明书和工作规范的撰写规范，讲述清晰、完整	理念方法新，能将理论联系实际，活学活用，语言通顺简洁、思路清晰、重点突出	熟练运用PPT、视频、动画等信息化技术手段	很好地体现团队协作精神，践行职业道德	优秀□

笔记处

续表

内容组织	素养提升			评价结果
内容比较全面且组织比较有条理：团队有分工，运用了工作分析方法，程序实施顺利，收集、整理、分析相关信息资料，撰写了比较规范的工作说明书和工作规范，讲述较清晰	较好地运用所学解决实际问题，语言较通顺简洁、思路较清晰、重点突出	较熟练运用PPT、视频、动画等信息化技术手段	较好地体现团队协作精神	良好□
内容不全面且组织条理不清晰：团队无分工，工作分析方法和程序运用不熟练，信息资料提炼不准确，工作说明书和工作规范的撰写不规范，讲述不清晰	运用所学解决实际问题时，手足无措，不能很好组织语言、思路不清晰	不能熟练运用视频、动画等信息化技术手段	不能很好地体现团队协作精神	一般□

📋 学习检测

（1）简述工作分析的程序。

学习检测

（2）常用的工作分析方法有哪些？各种方法的优缺点和适用范围是什么？

（3）工作说明书的构成内容有哪些？

（4）工作设计的内容有哪些？

📋 学习小结

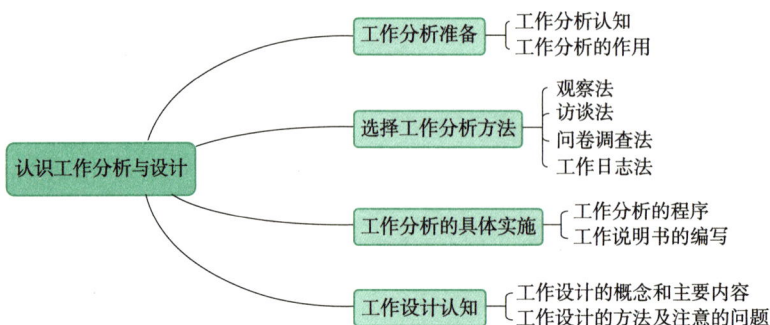

笔记处

02

模块二

技能篇

单元三　制订人力资源规划

情景导入

陈明在公司已经实习一个半月了，由于工作踏实认真，人力资源部刘经理决定给他一次锻炼的机会，让他为公司拟定下一年度的人力资源规划。接到任务后，陈明倍感压力，虽然他在学校写过计划，但没有做人力资源规划的任何经验。他该从何处入手呢？

职业导向

"凡事预则立，不预则废。"为了保证人力资源管理工作高效运行，必须做好人力资源规划。为此，首先应熟悉经营战略、经营环境和人力资源现状调查的主要内容，通过人力资源现状调查收集相关信息，其次要掌握人力资源供求预测的各种方法，最后在理解人力资源规划内涵的基础上，学会编制简单的人力资源规划书。

学习目标

1.知识目标

掌握人力资源规划的内涵和供求预测方法，以及平衡人力资源供求的政策措施；熟练掌握党的二十大报告提出的新时代中国特色社会主义思想的世界观和方法论，并运用于实践中。

2.能力目标

会调查人力资源现状和内外部环境，能进行人力资源需求和供给的预测并制订平衡人力资源供求的措施，会利用人力资源规划的程序编制简单的人力资源规划。

3.素养目标

树立系统观念、计划意识、创新意识，提高系统思维、辩证思维和创新思维能力。

笔记处

任务一　制订人力资源规划的准备

必备知识

一、人力资源规划的内涵

（一）人力资源规划的基本概念

人力资源规划（Human Resource Planning，HRP）是指组织为实现发展战略和经营目标，依据内外部环境的变化，运用科学的方法预测组织人力资源的供给和需求，制定相宜的政策和措施达到人力资源的供求平衡，以实现人力资源的合理配置，并有效激励员工的过程。可以从以下几个方面理解人力资源规划的概念。

一是人力资源规划的目的是保证组织目标和员工职业目标的实现。人力资源规划是组织整体发展战略规划的一部分，必须服务于组织的战略规划，因此，制定的人力资源政策和措施必须有利于可持续发展的要求和组织目标及员工个人目标的实现。

二是制订人力资源规划的原因是组织内外部环境的变化。随着数智技术在人力资源管理各个环节中的嵌入，组织内外部环境发生了颠覆性的变化，因此在制订人力资源规划时，必须关注并适应新一代数据智能技术给人力资源管理带来的新思路和手段及组织面临的新环境。

三是人力资源规划的主要任务是制定符合组织发展的人力资源政策和措施。根据组织的实际情况，运用科学的方法进行人力资源的供求预测，制定相应的政策和措施保证人力资源的供求平衡，才能为组织降本增效，实现高质量发展。

（二）人力资源规划的内容

人力资源规划根据规划的时间期限，可分为短期规划（一年及一年以内的计划）、中期规划（一年至三年的规划）和长期规划（三年以上的规划）；根据规划的范围，人力资源战略规划可分为整体性人力资源战略规划、人力资源战术规划。长期的人力资源规划多属于战略性和整体性的，短期规划多属于战术性的。无论是整体性的战略规划还是战术性的规划，均分为两个层次，如表3-1所示。

1.人力资源总体规划

人力资源总体规划即人力资源战略规划，在国家发展战略指引

笔记处

下，主要依据企业发展的战略规划和经营环境，通过人力资源信息系统，预测人力资源供给和需求状况，制定出满足企业人力资源需求的总原则和指导性措施。

2. 人力资源业务规划

人力资源业务规划一般包括人员补充计划、人员使用计划、教育培训计划、薪酬福利激励计划、劳动关系计划、退休解聘计划等内容。这些业务计划是总体规划的具体化，每一项业务计划都由目标、政策及预算等内容组成。

表3-1　人力资源规划内容

计划项目	目标	政策	预算
总体规划	总目标、人力资源总量、素质、绩效、员工满意度	基本政策（如扩大、收缩、保持稳定）	总预算
人员补充计划	制定需补充人员的数量、类型、层次、任职资格、招募范围、形式及甄选方法，满足人员需求	人员素质标准、来源范围、薪资待遇	招聘、选拔费用
人员使用计划	部门编制、工作轮换幅度时间、人员结构优化设计、绩效提高，使员工发展目标与组织发展目标一致	任职条件、工作轮换范围和时间、员工职业生涯设计、评估和反馈	职位变化引起的薪酬福利支出的变化、职业生涯指导费
教育培训计划	培训项目类型、内容，人员素质和绩效的改善及劳动态度的转变	培训时间、效果的保证	教育培训总投入、脱产参加培训损失
人员接替和提升计划	保持后备人员数量、优化人才结构、提高绩效目标	晋升调岗政策、未提升人员的安置	职位变动引起的支出变化
薪酬福利激励计划	降低人才流失率、提高员工满意度、绩效改进	薪酬福利政策、激励政策	薪酬福利的增加额
劳动关系计划	和谐劳动关系、减少投诉和不满、降低非期望离职率	沟通机制、参与管理、合理化建议制度	法律诉讼费、赔偿金
退休解聘计划	降低劳动成本、提高劳动生产率	退休政策、解聘程序	安置费、人员重置费

（三）人力资源规划的作用

1. 有助于组织制定发展战略和经营目标

人力资源规划以组织的发展战略和经营目标为依据，但是组织制

笔记处

定发展战略和经营目标时也需要考虑自身的人力资源状况。例如，如果预测的人力资源供给无法满足设定的目标，那么就要对战略做出相应的调整。因此，做好人力资源规划反过来有利于组织发展战略制定，使战略更加切实、可行。

2.有利于确保组织生存发展过程中对人力资源的需求

不同的组织、不同的生产技术条件，对人力资源的数量、质量、结构等方面的要求是不一样的。在市场竞争激烈的环境中，组织只有不断地开发新产品，引进新技术、新工艺，才能确保在竞争中立于不败之地。开发新产品和引进新技术、新工艺都会引起机器设备与人员配置比例的变化，这需要组织对其所拥有的人力资源不断地进行调整，即进行人力资源规划，以适应新的变化，避免出现人力短缺及用人缺乏计划性的情况。

3.有利于人力资源管理活动的有序化

人力资源规划对组织的选人、用人、育人、留人以及人工成本的控制等工作都有具体、详尽的安排，是组织实施人力资源管理活动的起点。同时，人力资源现状调查提供的信息，使管理者能够随时了解和掌握人力资源状况，及时作出应对措施，为其他人力资源管理活动提供重要的依据。

4.有利于控制人力资源成本

人力资源规划能够科学地预测未来一段时间内人力资源的供求，并制定相宜的人力资源政策措施进行调整，以达到人力资源供求平衡，减少不必要的人力成本支出，帮助组织科学地控制人工成本。

二、人力资源规划的制订程序

制订人力资源规划，一般遵循以下程序（图3-1）。

（一）收集研究相关信息（准备阶段）

信息资料是制订人力资源规划的依据。一般情况下，与人力资源规划有关的信息资料包括经营战略、经营环境、人力资源现状三个方面。这些信息主要包括外部信息，如政治法律环境、经济环境、社会文化环境、科技环境等；内部信息，如内部经营环境，即组织发展战略、组织文化、组织的生产技术条件和管理水平，以及人力资源现状即人力资源信息系统等。

笔记处

准备阶段

经营战略	经营环境	人力资源现状
目标任务　产品组合 市场组合　竞争重点 经营区域　生产技术	人员交流　文化教育 人才竞争　法律 劳动力市场　择业期望	人员数量　素质结构 使用现状　员工潜力 流动比率

预测阶段

需求分析

组织内外部因素
人力资源因素

供给分析

内部供给 → 人力资源信息库分析

外部供给

人力资源流动
晋升、离休、退休离职、
调动、解聘休假、培训

人才政策及现状
劳动力市场发育程度
就业偏好、户籍制度

人力资源需求预测
人力资源需求的数
量、质量和结构

人力资源供给预测
人力资源供给的数
量、质量和结构

制订阶段

人力资源需求供给平衡

人力资源规划制订
总体规划
业务规划

执行和评估阶段

人力资源规划执行评估
实施与评估

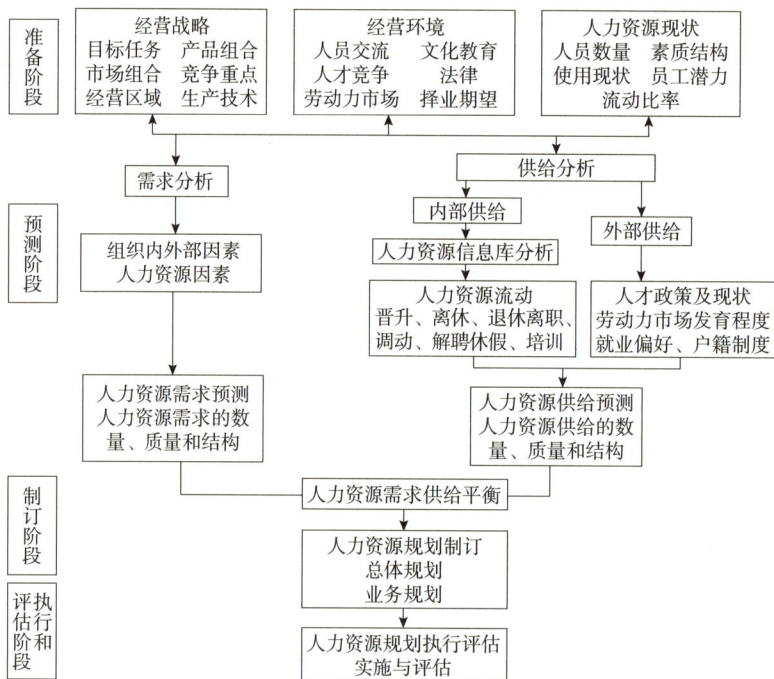

图3-1　人力资源规划程序

（二）人力资源供求预测（预测阶段）

在充分收集和研究与人力资源供求有关的信息之后，选择科学的预测方法，对企业在未来某一时期的人力资源供求进行预测。这是最为关键的一部分，也是难度最大的一部分，直接决定了规划的成败。只有准确地预测，才能采取有效的措施进行平衡。

（三）人力资源规划的制订（制订阶段）

根据供求预测的不同结果，对供大于求、供小于求和供求数量平衡结构不平衡的情况分别采取不同的政策和措施，使人力资源达到供求平衡。同时应注意各项业务计划的相互关系，确保它们之间的衔接与平衡。

（四）人力资源规划的执行（执行和评估阶段）

这是人力资源规划的最后一项工作。由于预测不可能做到完全正确，因此人力资源规划也不是一成不变的，它是一个开放的动态系统。评估包括两层含义：一是指在实施的过程中，要随时根据内外部环境的变化修正供给和需求的预测结果，并对平衡供需的措施做出调整；二是指要对预测的结果及制定的措施进行评估，对预测的准确性做出衡量，找出其中存在的问题及有益的经验，为以后的规划提供借鉴和帮助。

笔记处

📖 实践任务

一、任务描述

为了保证人力资源管理工作高效运行，必须做好人力资源规划。为此，首先应进行经营战略、经营环境和人力资源现状调查，收集相关信息，做好准备工作。

二、任务场景

陈明接到制订明年人力资源规划的任务后，着手开始信息调查，既要收集研究外部信息，又要核查内部信息及现有人力资源信息。陈明倍感压力，因为这是制订人力资源规划的依据，其质量对整个工作影响很大，必须高度重视。

三、任务实施

（一）收集外部相关信息

由于人力资源规划同企业的生产经营活动紧密相连，因此这些影响企业生产经营的因素都会对人力资源的供给和需求产生作用。另外，还有直接影响人力资源供求的信息，如外部劳动力市场供求状况及竞争对手的人力资源管理政策等。主要有以下几个方面。

1.政治法律环境

影响人力资源规划的政治法律因素有政府有关的劳动就业制度、工时制度、最低工资标准、职业卫生、劳动保护、安全生产等规定，以及户籍制度、住房制度、社会保障制度等，因为这些制度、政策和规定会影响人力资源管理工作的全过程，当然也会影响企业的人力资源规划。

2.经济环境

经济环境对企业人力资源需求影响较大。在经济萧条时期，人力资源的获得成本和人工成本较低，但是企业对人力资源的需求量减少，出现大量的劳动过剩人员；在经济繁荣时期，劳动力成本较高，但是企业处于扩张时期，对人力资源的需求量会增加，人才供不应求。

3.社会文化环境

社会文化反映社会民众的基本信念、价值观。因此，在制订人力资源具体规划时应充分考虑不同地区、国家人员社会文化的差异性，真正发挥人力资源规划的作用。

4.科学技术环境

科学技术对企业人力资源规划的影响是全方位的，它使企业对人力资源的供求处于结构性的变化状态（或处于动态的不平衡状态）。例如，计算机网络技术的飞速发展，使得网络招聘等成为现实；新技术的引进与新机器设备的应用，使得企业对低技能员工的需求量减少，对高技能员工的需求量增加。

5.外部劳动力市场结构

外部劳动力市场结构对企业获取人力资源有着重要的影响，主要包括年龄结构、性别结构、质量结构及城乡结构等。年龄结构主要指各年龄段的劳动人口分别在整个人口中的比例情况，性别结构是指不同性别的人所占的比重，质量结构主要指经济活动人口达到不同层次文化程度的比例构成，文化层次既包括学历层次，也包括职业技能结构的比例。经济发展需要相应的劳动力质量结构。经济越发达，生产力水平越高，需要高素质、高技能的人力资源数量和比例就越大。

（二）核查内部人力资源信息

1.企业的发展战略

企业在确定发展战略时，就要制定相应的措施来保证企业发展目标的实现。如企业生产规模的扩大、产品结构的调整或升级、采用新的生产工艺等，都会造成企业人力资源结构的调整。因此，在制订企业人力资源规划时要着重考虑企业的发展战略，以保证企业人力资源符合企业战略目标的要求。

2.企业文化

企业文化对企业的发展有着重要的影响，优秀的、适合的企业文化，能加强企业的凝聚力，增强员工的进取精神，稳定企业的员工队伍，企业面临的人力资源方面的不确定性因素就会少一些，有利于人员规划的制订。

3.企业的生产技术条件和管理水平

当企业的生产技术和管理水平越高，同样的工作量只需要更少的

笔记处

生产人员和管理人员，同时，新技能的使用可能使具有高知识水平的劳动者更受青睐，而没有任何教育背景的劳动者将惨遭淘汰。

4.企业人力资源信息系统

人力资源规划是一项分析与预测工作，需要大量的有效信息，而人力资源信息系统作为企业进行有关人力资源工作信息收集、保存、分析和报告的工作系统应运而生。其提供的信息包括自然特征信息（姓名、性别、出生日期）、录用信息（简历、应聘申请书、录用通知书）、教育背景信息（学历、培训经历，个人特长、外语技能）、工作经历信息（职业经历、现任岗位、任职时间）、工作表现信息（工作评价、奖惩情况、考勤记录）、工资福利信息（工资类别、等级、加薪或降薪情况）。同时，企业人力资源信息系统拥有强大的报表和查询统计功能，使原本复杂、烦琐的工作变得异常简单，切实提高了人力资源管理工作的质量和效率。

（三）整理研究提炼相关信息

在以上信息收集完成后，整理提炼备用。如可通过人力资源现状调查表（见附录）收集信息。

📋 任务二　人力资源供求预测

💬 必备知识

一、人力资源需求预测认知

人力资源需求预测指对企业在未来某一特定时期内所需要的人力资源的数量、质量以及结构进行估计。这里所指的需求是完全需求，是在不考虑企业现有人力资源状况和变动情况下的需求。这一步工作与企业现有人力资源核查可同时进行。

二、预测人力资源需求应充分考虑的因素

在预测人力资源需求时，应充分考虑以下因素对人员需求数量、质量以及构成的影响。

第一，市场需求、产品或者服务质量升级，或者决定进入新的市

笔记处

场；第二，产品和服务对于人力资源的要求；第三，人力资源稳定性，如计划内更替（辞职和辞退）、人员流失（跳槽）；第四，培训和教育（与企业变化的需求相关）；第五，为提高生产率而进行的技术和组织管理变革；第六，职位的工作量、工作时间；第七，预测活动的变化；第八，各部门可用的财务预算。

三、人力资源供给预测认知

人力资源供给预测，也称人力资源拥有量预测，是对企业在未来某一特定时期内能够供给企业的人力资源数量、质量以及结构进行估计。它是人力资源规划的又一个核心环节，包括两个部分，一是内部供给预测，即根据现有人力资源及其未来变动情况，预测规划各时间点上的人力资源拥有量，二是外部供给预测，确定规划各时间点上的各类人力资源的可供量。

四、人力资源供给预测步骤

以企业为例，人力资源供给预测步骤如下：第一，对企业现有的人力资源进行盘点，了解企业员工队伍的现状；第二，分析企业的职务调整政策和历年员工调整数据，统计出员工调整的比例；第三，向各部门的主管人员了解未来可能出现的人员调整状况；第四，将二、三所述的所有数据进行汇总，对企业内部人力资源供给量进行预测；第五，分析影响外部人力资源供给的各种因素（地域性因素和全国性因素），并依据分析结果对企业外部人力资源供给进行预测；第六，将企业内外部人力资源供给预测进行汇总，得出企业人力资源供给预测结果。

📖 实践任务

一、任务描述

人力资源供求预测是人力资源规划的核心部分，预测是否科学、合理、准确直接关系人力资源规划的成功和有效。因此，要根据企业

笔记处

的发展战略规划和本企业的内外部条件选择需求预测方法，然后对人力需求的结构和数量、质量进行预测，需求预测方法有定性预测和定量预测。接下来进行人力资源内外部供给预测，并把它与人力资源需求量相对比，根据对比结果制订具体规划。

二、任务场景

陈明接下来要做的是人力资源的需求和供给预测。他首先联系相关业务部门负责人和资深管理者，确认人员需求、补充、调整等要求，进行经验预测和德尔菲预测，并参考以往的数据资料进行定量预测。其次梳理企业人力资源信息系统的数据库，了解社会经济技术环境和外部劳动力市场供给情况，拟对企业进行内部人力资源拥有量预测和外部供给预测。

三、任务实施

（一）进行人力资源需求预测

1.定性预测

（1）管理经验判断法。管理经验判断法是最为简单的一种方法，由管理人员利用现有的信息和资料，根据以往的经验和直觉，对未来需要的人力资源做出预测。

管理经验判断法采用"自下而上"和"自上而下"两种方式。"自下而上"是由直线部门经理根据生产情况、业务发展需要和员工流动等向自己的上级主管提出用人要求和建议，征得上级主管的同意；"自上而下"就是由公司经理根据发展战略和经营目标先拟定出公司总体的用人目标和建议，然后由各级部门自行确定用人计划。最好是将"自下而上"与"自上而下"两种方式结合，会同相关部门确定具体用人需求，最后由人力资源部门汇总确定全公司的用人需求，形成需求预测，交由公司经理审批。

这种方法主要凭借管理经验进行，因此主要用于短期预测，适用于规模较小或经营环境稳定、人员流动不大的企业。同时提高预测结果的准确度，不仅要求管理人员具有丰富的经验，还要采取多人综合预测或查阅历史记录等方法。

笔记处

（2）德尔菲法。德尔菲法（Delphi Method）又名专家分析法，是组织者分别将所需解决的问题单独发到各个专家手中，征询意见，然后回收汇总全部专家的意见，并整理出综合意见，将该综合意见和预测问题再分别反馈给专家，再次征询意见，各专家再依据综合意见修改自己原有的意见，然后再汇总，多次反复，逐步取得比较一致的预测结果的决策方法。其特点是：专家参与、匿名进行、多次反馈及采用统计方法。德尔菲法的实施步骤如下。

第一，选择10~15名专家，提供预测需要的信息和背景资料。

第二，设计调查表，将人才结构预测的各项参数归结为十分明确的问题。

第三，进行第一轮预测，将调查表送请专家填写，采用统计平均法、四分位法及加权平均法对专家的意见进行综合处理。

第四，把第一轮处理结果划分为若干档，制成第二轮预测表，请专家在第二轮调查中对预测表列出的选择方案评分。

第五，用总分值及等级和的计算方法对第二轮预测表进行处理，总分值最高、等级和最低的即为最佳方案，第二轮预测的结果使专家们的意见进一步集中了。

第六，根据第二轮的处理结果再拟出第三轮预测表，第三轮预测表仅提供3种人才结构比例方案，数据处理采用加权平均法，便可得到满意的方案。

德尔菲法的优点为：背对背进行预测，能发挥各位专家的作用，集思广益，避免偏见，准确度高。操作的关键点为：一是如何提出意义明确的预测问题，二是如何将专家意见进行梳理与归纳。

【案例】使用德尔菲法预测某公司A类职位与B类职位的合理比例，如图3-2所示。

上次（第X次）的调查结果为：

（1）1：1，原因：

（2）1：1.5，原因：

（3）1：2，原因：

（4）1：4，原因：

上次调查的中间值为1：1.5，四分位点是1：1和1：2，极

笔记处

端值是1:4。

您的新预测为：　　　　　　理由是：

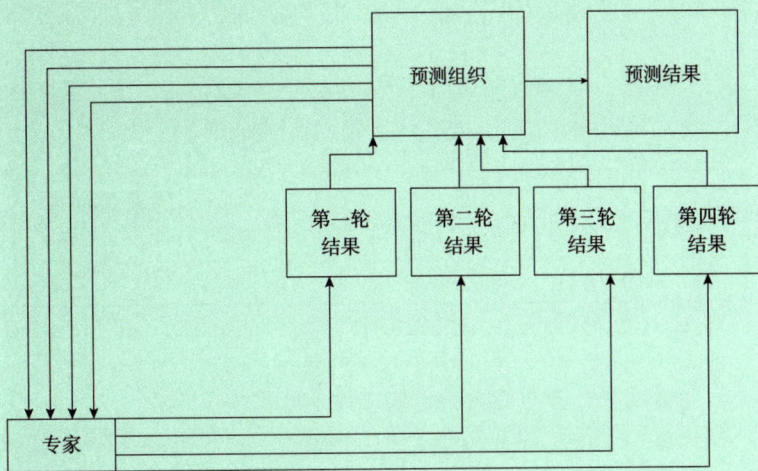

图3-2　德尔菲法应用

2.定量预测

（1）趋势分析法。趋势分析法是利用组织的历史数据，根据某个因素的变化趋势，建立人力资源需求量与该因素之间的函数关系，由该因素的变化推知人力资源需求量的变化，由此预测相应的人力资源需求。该方法假设其他的一切因素保持不变，适用于经营稳定的企业。

具体做法是：把相关的某个因素作为自变量，人力资源需求量作为因变量，根据历史数据，在坐标轴上绘出散点图。从而建立相应的直线趋势方程，并用最小二乘法求出方程系数，确定趋势方程。根据趋势方程便可对未来某一时间的人力资源需求进行预测。

基本的计算公式为：

$$Y=a+bX$$

利用最小二乘法，可以得出a、b的计算公式：

$$a = \bar{Y} - b\bar{X} \qquad b = \frac{\sum_{i=1}^{n}(X_i - \bar{X})(Y_i - \bar{Y})}{\sum_{i=1}^{n}(X_i - \bar{X})^2}$$

其中，a、b代表预测系数；Y为计划期内所需人力资源数量；X为相关的某个因素。

笔记处

【案例】已知恒信股份有限公司过去6年产量和生产工人数量之间高度相关，2018—2023年产量与生产工人数量如表3-2所示，预测2024年产量700吨时需要的生产工人的数量为多少？

表3-2　公司2018—2023年的数据资料

年份	2018	2019	2020	2021	2022	2023
产量（吨）	500	510	530	560	580	610
生产工人数量（人）	50	50	52	55	56	60

预测分析：根据趋势分析法的计算公式计算得出：

$$a=3.9，b=0.091$$

$$Y=3.9+0.091X$$

所以，2024年产量为700吨时需要的生产工人的数量为：

$$Y=3.9+0.091 \times 700 \approx 68（人）$$

（2）劳动定额法。劳动定额法是对劳动者在单位时间内应完成的工作量的规定，能够较为准确地预测人力资源的需求量，其公式为：

$$N=W/q（1+R）\qquad R=R_1+R_2-R_3$$

其中，N代表人力资源需求量，W代表组织计划期内任务总量，q代表组织定额标准，R代表计划期内劳动生产率变动系数，R_1表示组织技术进步引起的劳动生产率提高系数，R_2表示经验积累导致的生产率提高系数，R_3表示由劳动者及其他因素引起的生产率降低系数。

【案例】企业预计三年后每日生产10000吨的产品。目前每名工人每日生产50吨的产品。企业拟引进一项新技术估计生产率提高5%，又因某些社会因素可能引起生产率降低1%。预测3年后该企业工人的需求量。

预测分析：根据劳动定额法的计算公式得出：$R=5\%-1\%=4\%$。

3年后该企业工人的需求量$N=10000/50（1+4\%）\approx 192（人）$。

（二）进行人力资源供给预测

1.内部供给预测

（1）人力资源数据库。企业根据自身情况构建的人力资源数据

笔记处

库，内容、功能多种多样，一般包括工作经验、受教育程度、培训经历、获取的资格证书、职业兴趣及工作能力的评价等。通过这些信息，可以帮助预测潜在的人力资源供给、确定晋升人选、职位调动、对特殊项目的工作分配、培训以及职业生涯规划，如表3-3所示。

表3-3 人力资源登记表

姓名：		部门：		职位：	工作地点：		填表日期：	
到职日期：		出生年月：		婚姻状况：		职称：		
教育背景	类别	学位种类	毕业日期		学校		主修科目	
	高中							
	大学							
	硕士							
	博士							
培训经历	培训主要内容		培训机构			培训时间		
技能	技能种类：			证书：				
	专业外的技能：			证书：				
职业兴趣	你是否愿意担任其他类型的工作						是	否
	你是否愿意调到其他部门去工作						是	否
	你是否愿意接受工作轮调以丰富工作经验						是	否
	如果可能，你愿意承担哪种工作							
你认为自己需要接受何种训练	改善目前的技能和绩效：							
	提高晋升所需要的经验和能力：							
你认为自己现在就可以接受哪种工作指派：								

（2）管理人员替代法。管理人员替代法是预测企业内部管理人员供给的一种简单、有效的方法。管理人员替代图中要有部门、职位全称、在职员工姓名、职位层次、员工绩效与潜力等各种信息（图3-3），依次推算未来的人力资源变动趋势。步骤如下：①确定人力资源规划所涉及的管理岗位范围。②确定各个管理岗位上的可能接

笔记处

替人选。③评价各位接替人员的当前绩效和提升潜力。根据评价结果，当前绩效可划分为"优秀""令人满意""需要改进"三个级别；提升潜力可划分为"可以提升""需要培训""有问题"三个级别。④确定职业发展需要，并将个人目标与企业目标结合起来。

图3-3中，优秀为★，令人满意为●，有待改进为▲；可以提升为☆，需要培训为○，有问题为△。通过管理人员替代图，可以优先提拔培养企业的内部人员，为企业的内部人才提供良好的发展平台，同时也确保企业有足够合格的管理人员供给，为企业的持久发展提供保障。

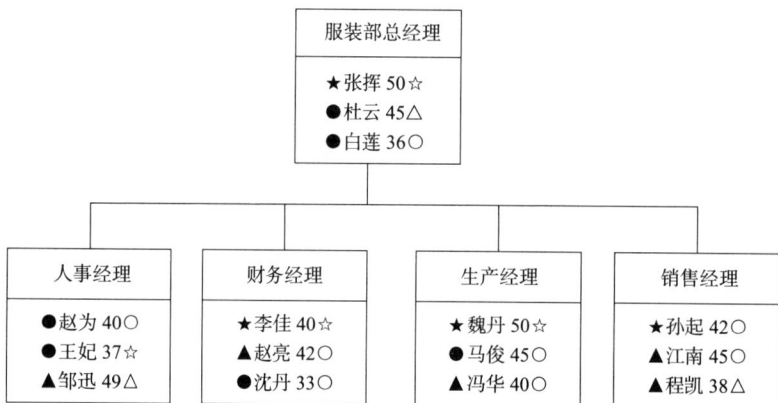

```
                    ┌─────────────┐
                    │ 服装部总经理  │
                    │ ★ 张挥 50☆  │
                    │ ● 杜云 45△  │
                    │ ● 白莲 36○  │
                    └─────────────┘
```

人事经理	财务经理	生产经理	销售经理
● 赵为 40○	★ 李佳 40☆	★ 魏丹 50☆	★ 孙起 42○
▲ 王妃 37☆	▲ 赵亮 42○	● 马俊 45○	▲ 江南 45○
▲ 邹迅 49△	● 沈丹 33○	▲ 冯华 40○	▲ 程凯 38△

图3-3　管理人员替代法示意图

（3）马尔可夫模型法。马尔可夫模型是一种定量分析预测企业内部人力资源供给的方法。它根据企业内某项工作的人员转移的历史数据，来计算未来某一时期该项工作人员转移的概率，即人员转移概率的历史平均值，从而预测企业内该项工作的人力资源供给。如果给定各类工作的初始人数、转移概率和补充进来的人数，那么可计算各类工作在未来某一时期的人员供给数。

例如，在恒信会计师事务所，有四类人员：合伙人（P），经理（M），高级会计师（S），会计员（J）。其初始人数和转移矩阵见表3-4。根据表3-4，在任何一年里，有80%的合伙人仍留在该所，20%的合伙人退出；有70%的经理仍在原职，10%的经理成为合伙人，20%的经理离开；有5%的高级会计师升为经理，80%的高级会计师仍在原职，5%的高级会计师降为会计员，10%的高级会计师外流；有15%的会计员晋升为高级会计师，65%的会计员仍在原职，20%的会计员另谋他职。用这些历史数据来代表每类人员转移流动的概率，可以推算出人员变动情

笔记处

況。即起始时刻每一类人员的数量与每一类人员的转移率相乘，然后纵向相加，就可以得到下一年的各类人员的供给量，如表3-5所示。

表3-4　会计师事务所内部人员流动概率

初始人数（人）	P	M	S	J	离职
40（P）	0.8	—	—	—	0.2
80（M）	0.1	0.7	—	—	0.2
120（S）	—	0.05	0.8	0.05	0.1
160（J）	—	—	0.15	0.65	0.2

表3-5　会计师事务所内部人员净供给人数

初始人数（人）	P	M	S	J	离职
40（P）	32	0	0	0	8
80（M）	8	56	0	0	16
120（S）	0	6	96	6	12
160（J）	0	0	24	104	32
合计	40	62	120	110	68

预测分析：从表3-4、表3-5中可以看出，如果下一年与上一年相同，可以预测下一年将有同样数量的合伙人即40人，以及同样数目的高级会计师即120人，但经理却减少18人，会计员将减少50人。这些人员变动的数据与正常的人员扩大、缩减或者维持不变的计划相结合，就可以用来决策如何使预计的劳动力供给与需求相匹配。

马尔可夫模型虽然得到了广泛应用，但其所估计的人员流动概率与预测的实际情况可能有差距，因此使用这种方法得到的内部人力资源供给预测的结果可能不精确，其最大的价值在于提供了一种内部人员流动的分析框架。

在许多情况下，由于内部人力资源供给往往满足不了企业的需要，尤其是当企业扩大生产规模时，就需要对企业外部人力资源供给进行了解和预测。

2.外部供给预测

企业职位空缺不可能完全通过内部供给解决，企业人员因各种主观或自然原因退出工作岗位是不可抗拒的规律，必然需要企业不断地从外部补充人员，因此需要进行外部人力资源供给预测。

笔记处

企业外部人力资源供给预测主要是预测未来几年外部劳动力市场的供给情况。不仅要调查整个国家和组织所在地域的人力资源供给情况，还要调查同行业或同地区其他企业对人力资源的需求情况。外部供给预测比较复杂，但是它对人力资源规划具有相当重要的意义。预测时要考虑的因素包括一个地区人口的净流入与净流出、流入或流出劳动力市场的人数、从学校毕业的学生人数、不断变化的劳动力构成与形势、未来几年的经济预测、技术发展与变化、竞争对手的行动、政府政策、影响人口流入或流出劳动力市场的因素。

（三）供给与需求的平衡

在整个企业的发展过程中，人力资源供求不可能处于完全平衡状态，一般会出现供大于求、供小于求、供求总量平衡而结构不平衡。人力资源规划的目的就是使人力资源供求关系达到平衡。当供求关系失衡时，企业可采取以下调节措施。

1.供大于求时采取的政策措施

一是通过企业自身的发展，如通过扩大经营规模，开发新产品，实行多种经营等方式吸收过剩的人力资源供给。二是撤销、合并臃肿的机构，减少冗员。三是鼓励提前退休、内退或下岗。四是减少人员补充。当出现员工退休、离职等情况时，对空闲的岗位不进行人员补充。五是增加无薪假期。当企业出现短期人力过剩的情况时，采取增加无薪假期的方法比较适合。如规定员工有一个月的无薪假期，员工在这一个月没有薪水，但下个月可以照常上班。六是裁撤工作态度差、技能水平低、劳动纪律观念不强的人员。七是减少员工工作量和劳动时间，降低薪酬待遇。

2.供小于求时采取的政策措施

一是在企业内部择优提升补缺，提高晋升人员待遇。二是在企业外部招聘员工。三是进行技能培训，使内部员工能胜任其他职位。四是延长劳动时间或增加工作负荷，增加员工报酬。五是改进技术或重新进行岗位设计，提升员工工作效率。六是实行业务外包。七是聘用非全日制临时工。

3.人力资源总量平衡而结构不平衡时采取的措施

一是进行人员内部的重新配置，包括晋升、调动、降职等方式弥补空缺的岗位，满足这部分的人力资源需求。二是对人员进行有针对性的专门培训，使他们能够从事空缺岗位的工作。三是进行人员的置换，释

笔记处

放那些组织不需要的人员，补充组织需要的人员，以调整人员的结构。

总之，在整个企业的发展中，企业的人力资源状况不可能始终很自然地处于平衡状态。人力资源部门的重要工作之一就是不断调整人力资源结构，使企业的人力资源始终处于供需平衡状态。

任务三　人力资源规划的制订、执行和评估

必备知识

一、人力资源规划的制订

人力资源规划的制订就是根据组织的具体情况，采取相应的措施和方法，以实现人力资源供求平衡。也就是说，要制订总体规划和各种具体的计划，包括人员招聘计划、流动调配计划、提升计划、教育培训计划、薪酬计划、保险福利计划、劳动关系计划、退休计划等内容。通过制订并有效实施这些规划，保证组织未来的人力资源状况能够符合组织的战略发展需要。

二、人力资源规划的执行

在人力资源规划政策的指导下，确定具体的实施方案。一般来说，确定供求情况和相应的政策后，执行的具体操作和技术就不成问题，问题是企业要重视这些工作，明白人力资源规划对企业经营的影响程度，按科学程序进行管理。人力资源规划执行过程需要注意以下几点。

一是必须有专人负责既定方案的实施，要确保这些人拥有保证人力资源规划方案实现的权利和资源。二是要确保不折不扣地按规划执行。三是在实施前要做好准备。四是实施时要全力以赴。五是要有关于实施进展状况的定期报告，以确保所有的方案都能在既定的时间里执行到位，并且保证方案执行的初期成效与预期的情况一致。

三、人力资源规划的评估

对人力资源规划实施的效果进行评估是整个规划过程的最后一步，

笔记处

由于预测不可能做到完全准确，因此人力资源规划也不是一成不变的，它是一个开放的动态系统。人力资源规划的评估包括两层含义，一是指在实施过程中，要随时根据内外部环境的变化来修正供给和需求的预测结果，并对平衡供需的措施做出调整；二是指要对预测的结果以及制定的措施进行评估，对预测的准确性和措施的有效性做出衡量，找出其中存在的问题以及有益的经验，为以后的规划提供借鉴和帮助。

一般应由专家、用户及有关部门主管人员组成评估组来完成评估工作。评估要客观、公正且准确。同时要进行成本—效益分析以及审核规划的有效性，在评估时一定要征求部门经理和基层领导人的意见，因为他们是规划的直接受益者，最有发言权。

📣 实践任务

一、任务描述

制订人力资源规划既要采用科学的技术和方法，又要考虑企业内外部环境变化产生的影响，即对人力资源规划进行评估修正和反馈。

二、任务场景

陈明在前期工作中，充分认识到人力资源规划并不只是人力资源管理部门的事情，它需要相关部门的支持和配合。人力资源现状的梳理和供求预测如此，接下来人力资源规划的制订、执行评估及政策的落地也是如此。

三、任务实施

（一）人力资源规划制订

制订人力资源规划，需要从以下几方面考虑，如表3-6所示。

一是规划的时间段。确定规划期的长短，并具体写明开始时间和结束时间。根据规划期的长短不同，人力资源规划可以是战略性的长期规划（三年或三年以上）和具体的短期计划（一年或一年以内）。

二是规划的目标。应遵循以下原则：规划的目标要与企业整体目

笔记处

标紧密相连，并服从于企业整体目标；规划的目标要具体、明确，不要泛泛而谈；规划的目标要简明扼要，便于理解和记忆。

三是目前情景分析。梳理企业战略决策、经营环境和经营现状的各种信息，提炼对于企业未来人力资源的影响和要求，作为制订人力资源规划的依据。

四是未来情景分析。采用定性和定量相结合，以定量为主的各种科学技术方法，预测未来的人力资源供给和需求，在此基础上制订人力资源供需平衡的总计划和各项业务计划，进一步指明人力资源规划的依据。

五是具体内容。这是人力资源规划的关键部分，涉及人力资源的总体规划和各项具体的业务规划。每一方面都要包括以下几项内容。

（1）具体信息。要表达得十分具体，如进行招聘时，不要仅写：招聘人员；而要详细写明：××公司招聘××位××人才。

（2）执行时间。写明从执行开始和执行结束的具体日期，如2023年1月1日至2023年12月31日。

（3）负责人。即负责执行该具体项目的人员，如人力资源部经理赵丹女士。

（4）检查人。即负责检查该项目执行情况的人员，如人力资源管理副总裁林峰先生。

（5）检查日期。写明具体的检查日期与时间，如2023年7月1日上午8点。

（6）预算。写明每项内容的具体预算，如人民币贰万元整。人力资源管理费用预算，保证人力资源规划与企业有限的财力相适应，从经济上确保人力资源规划是遵循企业可持续发展的战略目标。

六是规划的制定者。人力资源规划的制定者可以是人力资源部，也可以是其他人员。如高层管理人员、其他职能部门管理人员以及人力资源专家等。既可以是一个人，也可以是一个群体。

七是规划的制定时间。指规划正式确定的日期，如董事会通过的日期、总经理批准的日期、总经理工作会议通过的日期等。

表3-6　人力资源规划示例

人力资源规划
1.规划的时间段

笔记处

2.规划的目标
3.目前情景分析
4.未来情景分析
5.具体内容 （1）具体信息 （2）执行时间 （3）负责人 （4）检查人 ……
6.规划的制定者
7.规划的制定时间

（二）人力资源规划的执行与评估

制订人力资源规划以后，还要做好人力资源管理制度建设，对组织行为进行规范，是人力资源规划有效实施的制度保障。

人力资源规划程序的最后一个步骤是对执行结果的评价，最明显的评价方式是，看公司是否有效避免了潜在劳动力短缺或者劳动力过剩情况，这种最基本的评价是非常关键的。原因有三个：一是通过对人力资源规划的评价，可以深入地分析研究导致人力资源规划成功或者失败的具体环节。二是人力资源的成本是企业的主要成本之一，对这样一个重要的成本项目，经营管理者必须加以严格的监督和控制。三是人力资源管理人员可以通过对人力资源规划的评价，调整有关人力资源方面的项目及其预算，将执行的结果与人力资源规划进行对照，例如，实际的人员招聘数量与预测的人员需求量、实际的人员流动率和预测的人员流动率、人力资源的实际成本与预测成本等，发现规划与实际之间的差距，并指导下一步人力资源规划的制订。这些对比的差距越小，说明人力资源规划越可行。

🔊 学习研讨

背景描述	对组织经营战略、经营环境和人力资源现状调查收集整理提炼的信息，是人力资源需求和供给预测的基础，并为制订人力资源规划提供依据
研讨主题	信息资料（经营战略、经营环境、人力资源现状）的收集整理
成果展示	每个团队以PPT等形式展示

笔记处

🗨 学习评价

内容组织	素养提升			评价结果
内容全面且组织有条理：选择企业进行调查，小组成员分工明确；访谈内容全面、访谈方法科学、访谈对象和访谈时间合理	理念方法新、语言通顺简洁、思路清晰、重点突出	熟练运用PPT、视频、动画等信息化技术手段	很好体现团队协作精神和信息处理能力	优秀□
内容比较全面且组织比较有条理：选择企业进行调查，小组成员分工较明确；访谈内容较全面、访谈方法较科学、访谈对象和访谈时间较合理	理念方法较新、语言较通顺简洁、思路较清晰、重点突出	较熟练运用PPT、视频、动画等信息化技术手段	较好体现团队协作精神和信息处理能力	良好□
内容不全面且组织条理不清：选择企业进行调查，小组成员分工不够明确；访谈内容有欠缺、访谈方法不够科学、访谈对象和访谈时间不够合理	不能够很好组织语言、思路不清晰	不能熟练运用视频、动画等信息化技术手段	不能很好体现团队协作精神、信息提炼不准确	一般□

🗨 学习检测

（1）什么是人力资源规划？它包括哪些内容？

（2）人力资源规划的程序是什么？

（3）预测人力资源需求和供给的方法有哪些？

（4）如何平衡人力资源的供求？

学习检测

🗨 学习小结

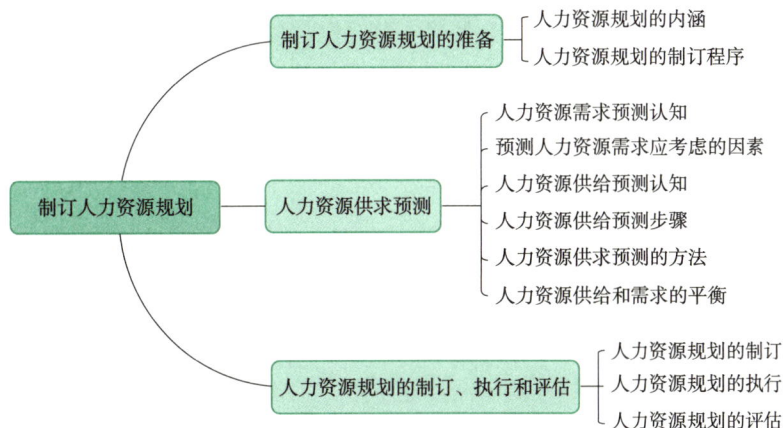

笔记处

单元四　实践招聘与甄选

情景导入

　　恒信股份有限公司根据人力资源规划，拟在近期招聘新员工，王经理决定安排陈明参与公司本次招聘活动，让他真实地体验人力资源管理的具体工作内容。陈明为了不辜负经理的信任，接到任务后，马上投入准备工作中。

职业导向

　　员工招聘甄选活动作为企业人力资源输入的起始点，对人力资源管理的其他职能具有非常重要的作用。因此要做好招聘甄选工作，必须掌握理解招聘甄选的内涵、原则及能岗匹配等基本原理，熟悉招聘程序和基本文书的撰写，掌握甄选工具的选择及面试的程序步骤，了解国家相关法律政策等。

学习目标

1.知识目标

　　理解招聘甄选的内涵及能岗匹配基本原理，熟悉基本文书（请示、申请书、批示、通知、辞谢信等）知识，掌握人员素质测评工具及甄选的程序步骤，了解国家相关法律政策，如《劳动合同法》《妇女儿童权益保护法》《未成年人保护法》《劳动法》，以及地方性法律法规等。

2.能力目标

　　根据招聘计划，制订招聘方案。设计招聘流程和招聘甄选所用相关表格。选择招聘渠道，发布招聘信息。预算招聘费用。筛选并处理应聘资料，设计面试问题、面试环境和面试提问的技巧等。选择合适的甄选方法。进行有效的背景调查与评定。对相关文书进行发放与存

笔记处

档。撰写招聘总结。

3.素养目标

注重提高沟通能力和团队协作能力，培养信息判断和信息处理能力，养成良好的责任感和工作态度。

任务一　做好招聘准备

必备知识

一、招聘准备相关概念

（一）招聘

员工招聘是企业为了发展的需要，根据人力资源规划和工作分析的要求，通过各种信息途径寻找、吸引应聘者并予以甄选录用的过程。它是人力资源管理的一项基本职能，是人力资源进入企业或者具体职位的重要入口，其有效实施不仅是人力资源管理系统正常运转的前提，也是整个企业正常运转的重要保证。

（二）招聘需求

招聘需求的确定是招聘工作的起点，主要指职位本身的职责和要求，具体根据企业战略、人力资源规划以及岗位分析的结果来确定。除此之外，还会考虑需求职位所属团队的风格、特点，以及企业文化和价值观的要求。

二、招聘的目的

招聘活动的目的是吸引愿意到企业工作的人，吸引人员的数量应当控制在适当范围内，既不能太多也不能太少，太多会增加招聘成本，而太少又不能吸引到合适的人才。同时，吸引过来的应聘者也应当是企业所需要的人员，这是对招聘工作质量的要求。具体来说，良好的招聘活动必须达到6R的基本目标，即恰当的时间（Right Time）、恰当的来源（Right Source）、恰当的范围（Right Area）、恰当的人选（Right People）、恰当的成本（Right Cost）以及恰当的信息（Right Information）。

笔记处

三、招聘的原则

招聘的过程应符合公开招聘、平等竞争、效率优先以及双向选择的原则。

四、招聘的程序

（一）编制招聘计划

员工招聘计划是人力资源规划的一部分，一般包括5W2H的内容，即招聘的时间（When）、招聘小组的人员组成（Who）、招聘的渠道和信息发布范围（Where）、招聘的对象（Whom），招聘的具体方案（How）、招聘的预算（How Much）等。

（二）招募

根据空缺职位的要求，选择合适的传播媒介发布招聘信息，鼓励和吸引人员参加应聘。

（三）甄选

选择合适的测试方法，对应聘者进行科学的考核，根据评分的高低，找出进入下一个环节的人选。

（四）录用

进行背景调查和体检，确定最适合空缺职位的人员。

（五）评价招聘效果

招聘效果评估的目的是发现并改进招聘过程中存在的问题，提高以后招聘的效果。

五、招聘人员的职责分工

在现代企业中，起决定性作用的是用人部门，它直接参与整个招聘过程，并在其中拥有计划、初选与面试、录用、人员安置与绩效评估等决策权，完全处于主动地位。而人力资源部门只在招聘过程中起到组织和服务的功能。招聘过程中用人部门与人力资源部门的工作职责分工如表4-1所示。

笔记处

表 4-1　招聘过程中的职责分工　　　　　　　　　　　　　069

模块二　技能篇

用人部门	人力资源部门
1.招聘计划的制订与审批 2.招聘岗位的工作说明书及录用标准 3.应聘者初选，确定参加面试的人员名单 4.负责面试、考试工作 5.录用人员名单、人员工作安排及试用期间待遇的确定 6.正式录用决策 7.员工培训决策 8.录用员工的绩效评估与招聘评估 9.人力资源规划修订	1.招聘信息的分布 2.应聘者申请登记，资格审查 3.通知参加面试的人员 4.面试、考试工作的组织 5.个人资料的核实、人员体检 6.试用合同的签订 7.试用人员报到及生活方面的安置 8.正式合同的签订 9.员工培训服务 10.录用员工的绩效评估与招聘评估 11.人力资源规划修订

六、招聘的渠道选择

招聘渠道是企业为吸引求职者所采取的途径与方法。企业人员的补充有内部和外部两方面的来源，即通过内部和外部两个渠道招聘员工。

（一）内部招聘

内部招聘指通过内部晋升、工作调换或工作轮换、人员降职等方法从企业内部人力资源储备中选拔出合适的人员补充到空缺或新增加的岗位上的活动。主要方法包括推荐法、布告法和档案法。

（二）外部招聘

外部招聘的主要方法包括发布广告、借助中介（如人才交流中心、招聘洽谈会和猎头公司等）、校园招聘以及熟人推荐或自荐。

七、新时期的招聘准备

在招聘准备阶段，共享服务的工作内容主要包括借助信息系统进行招聘需求的收集整理发布和岗位信息的维护等招聘支持活动，以及具体招聘渠道（如校园招聘等的准备、组织和签约）等招聘服务活动。HRSSC首先需要和企业约定好招聘需求的收集时间和模板，在收到业务部门提交的招聘需求信息后检查必填字段是否完善，并加强沟通，了解特殊需求和紧急程度，结合招聘信息系统进行申报和审批，做好台账记录、系统管理和跟踪调整。其次，根据具体期限和发

笔记处

布要求发布招聘信息，并依据不同第三方网站的操作流程和要求完成发布和跟踪管理。最后，要进行岗位信息的维护，对不同渠道、不同发布平台的岗位数据分别进行汇总和统计分析。

招聘准备阶段，企业可以借助大数据平台和数据分析处理技术进行人才供需的科学预测，如结合自身的人员数量，人员性别、年龄、学历、职称等结构以及企业人力资源经费预算的情况，从企业以往及目前的人才供求问题的分析入手，借助回归模型等手段预测下一阶段的人才需求。

🗨 实践任务

一、任务描述

招聘工作要做到有备而来，大量的准备工作是做好招聘、提高招聘效率的重要基础。员工招聘准备工作包括根据人力资源规划确定人员的净需求，并根据人员录用政策和工作说明书要求，确定员工招聘的来源，并确定企业或组织的工作内容、任务、员工任职条件等，在此基础上编制具体的招聘计划。另外，还应制作好招聘工作所需的相关表格及其他文件资料。

二、任务场景

陈明接到恒信股份有限公司的招聘任务后，首先和公司相关业务部门负责人联系确认招聘需求，得到答复后，按约定格式填报招聘需求申报表，着手收集整理公司的招聘需求。其次，按照合理的招聘周期即岗位要求的到岗时间、招聘所需时间、培训时间等要求编写招聘计划书，紧随其后设计招聘广告，并根据岗位要求和预算情况，按照招聘产出金字塔确定招聘信息的发布范围，选择合适的招聘渠道、合适的信息平台和时机发布相关招聘信息，以确保信息尽可能触达潜在候选人。最后，定期跟踪已发布岗位，并根据具体情况实时对岗位信息进行维护和调整。

三、任务实施

招聘准备工作的主要流程如图4-1所示。

明确招聘需求 → 确定招聘来源 → 制订招聘计划 → 制作招聘资料

图4-1　招聘准备主要操作流程

（一）明确招聘需求

通过"工作分析与设计"和"人力资源规划的制订"两项工作，人力资源管理部门已经为企业员工招聘做了大量的准备工作。陈明根据工作描述、工作说明书、人力资源规划以及企业用人部门提出的人员招聘计划，分析员工招聘的原因，通过调查、分析和内部综合平衡，以及与用人部门的负责人进行沟通、协商，确定出人员招聘的净需求和具体的人员招聘数量，填报需求申报表。

招聘需求的确定、收集便于规范招聘信息发布，提高招聘效率。有招聘信息系统的企业可在系统中完成或建有共享中心的企业依靠HRSSC完成该项工作。招聘需求整理确定后要做好台账记录或输入相应信息到招聘系统，便于管理与跟踪。

（二）确定招聘来源

在确定招聘需求人数的基础上，人力资源管理人员还应根据岗位及其资格要求确定员工的招聘来源，即是内部招聘还是外部招聘，是"制造"员工还是"购买"员工。选择时需遵循双重目的（既达到招募要求选拔所需人才，又宣传企业提升企业形象）原则、经济性低成本原则、可行性可操作性原则等。

选择招聘渠道的主要步骤：分析组织的招聘要求、分析潜在应聘者的特点、确定适合的招聘来源、选择合适的招聘方法。具体区分如表4-2所示。

表4-2　内外部招聘渠道的比较

招聘渠道	优点	缺点
内部招聘	了解——适应快、准确性高、成本低、激励性强	来源有限、水平有限、抑制创新，"近亲繁殖"，容易造成内部矛盾

笔记处

招聘渠道	优点	缺点
外部招聘	带来新思想新方法，范围广、更易招聘到一流人才，树立企业形象、扩大影响	筛选难度大、进入角色慢、决策风险大、影响内部积极性，成本高

（三）制订招聘计划

员工招聘计划是人力资源规划的一部分，用于指导招聘活动的进行。主要包括了解各部门人力资源需求状况、选择合适的岗位招聘渠道、确定招聘规模、确定招聘信息的发布范围、确定招聘时间、确定招聘预算、确定招聘小组人员以及制订应聘者测试考核方案。

（四）制作招聘资料

1.设计招聘广告

在内容的设计上，招聘应该准确、真实、详细，聘用条件清晰。主要包括本企业的基本情况，招聘是否经过有关部门的批准，空缺职位的情况，薪酬与待遇，申请者必须具备的条件，报名的时间、地点和联系方式，需要的证件及材料等。

在形式的设计上，招聘广告一般遵循 AIDA 原则——注意（Attention）、兴趣（Interest）、愿望（Desire）、行动（Action）。即能够引起读者的注意并产生兴趣，从而产生应聘的欲望，接着采取实际的应聘行动。

2.设计求职申请表

为阅读审查方便，人力资源管理部门应事先设计求职申请表。这有助于招聘人员从内容符合要求、格式统一的申请表中轻松挑选符合条件的应聘者。

3.设计面试评价表

不同用人单位的招聘流程虽然不尽相同，但一般对应聘者进行初步面试这一步是基本相同的。面试时，招聘人员需根据面试中观察到的表现收集相关信息对应聘者进行价值判定，因而需要事先设计好面试评价表。

笔记处

任务二　科学筛选及雇前支持

必备知识

一、笔试

笔试是一种常用的评价应聘者是否具备岗位所需知识的基本甄选方法，通过让应聘者笔答关于基础知识和素质能力的试卷，予以成绩评定，以判断应聘者对空缺职位适应性的选择方法。对基础知识和能力的测试，包括两个层次，即一般知识和能力及专业知识和能力。笔试一次能够出十几道乃至上百道试题，取样较多，对知识和能力考核的可信度和效率都较高，可以大规模地进行分析。因此，花的时间少、效率高，报考人的心理压力较小，较易发挥水平，成绩评定比较客观。但笔试同时存在不能全地考察应聘者的工作态度、品德修养以及组织管理能力、口头表达能力和操作技能等缺点。当前随着信息技术的发展，纸笔测试呈线上化趋势，通常候选人在线完成测试。

二、面试的目标和内容

（一）面试的目标

在面试过程中，面试考官要行使测评、选拔的职责，应聘者要了解用人单位及空缺职位的具体信息，双方应明确各自的目标。面试官主要为了营造一个融洽的面试氛围，使应聘者能够正常发挥实际水平，让应聘者更加清楚地了解企业发展状况、应聘岗位信息和企业人力资源政策等，了解应聘者的专业知识、岗位技能和非智力素质，做出是否通过本次面试的决策。应聘者的目标主要是尽量展现出自己的实际水平，充分说明自己具备应聘空缺职位的条件；充分了解自己关心的问题，并表明愿意来公司工作的意愿；希望被理解和尊重，并得到公平对待；做出是否继续应聘的决策。

（二）面试内容

面试是通过面试考官与应聘者面对面交流和沟通，对应聘者做出评价的方法。是用人单位最常用也是必不可少的测试手段，主要包括仪表风度、专业知识、工作实践经验、综合能力、自我控制能力与情绪稳定性、工作态度、求职动机、业余兴趣与爱好以及单位介绍与回答应聘者问题。

三、心理测试

心理测试是运用心理测量技术了解应聘者的个性、行为及能力的一种测试方法，主要包括能力测试、人格测试等。能力测试是衡量一个人学习和完成一项工作的能力，其作用体现在，某人适合什么样的职业或最胜任什么样的岗位。它对人员招聘与配置都有重要意义。

人格是由多种人格特质构成，一般包括社会态度、价值观、兴趣、气质、体格与生理特质、能力和动机等。人格测试的目的是了解应聘者的人格特质，因为不同气质、性格的人适合不同种类的工作，并且对工作成就有很重要的影响。一些重要的工作岗位，如主要管理岗位，为选择合适的人才，需要进行人格测试。

四、情境模拟测试

情境模拟测试法是根据被试者应聘的职位，设计相应的测试题目，将被试者安排在模拟的工作情景中处理各种问题，进而对其评价的一系列方法，主要包括公文筐测试、无领导小组讨论测试、角色扮演、管理游戏、案例分析、即席发言等。

五、新时期的甄选录用

在甄选录用应聘者这个工作领域，共享服务的价值主要体现在简历的搜寻与筛选、面试的组织、人才测评新技术的使用等招聘服务方面，以及背景调查、录用前沟通和通知书发放等雇前支持方面。HRSSC主要负责按照要求进行简历筛选和搜索，负责面试的落地实施和支持工作，负责通知并跟进候选人进行人才测评，并在测评结束后将结果反馈给HRBP及用人部门。另外，HRSSC也负责相关的背景调查、工作意向沟通、录用谈判等雇前支持的相关事务性工作。当然和传统模式相比，在共享服务模型下更关注效率和候选人的体验。例如，随着人工智能技术的应用，简历搜寻提供自动更

笔记处

新、检索、匹配、分析等，提供简历快速精准搜索的培训、研究简历自动筛选的工具等。同时，会更加关注对于简历的自动搜索扩大候选人池，并避免简历重复下载产生的不必要的渠道费用，组织完成在线测评等。

招聘甄选阶段在大数据方面的体现，主要在于了解公司各岗位的展示需求，依据企业前期的人员状态数据统计结果，画出人才画像，需要明确企业需要什么样的员工，指导具体招聘甄选过程，如企业需要什么学历的员工、需要具有多久工作经验的员工、需要认真程度达到什么水平的员工等。

📖 实践任务

一、任务描述

编写员工招聘计划，发布招聘信息之后，就开始收取求职人员投递的简历或应聘申请表，经过初选之后，组织符合条件的应聘人员进行笔试、面试与其他方面的测试，进而选拔出符合其需要的人员。

二、任务场景

陈明在恒信股份有限公司相关空缺岗位招聘信息发布之后，就开始搜寻简历、筛选简历、面试邀约、组织面试，并组织其他形式的测试，评价求职人员，并通过薪资谈判、调查候选人背景、录用沟通面谈、录用通知书的制作发放等途径完成入职前的相关工作。

三、任务实施

科学筛选及雇前支持工作的主要流程如图4-2所示。

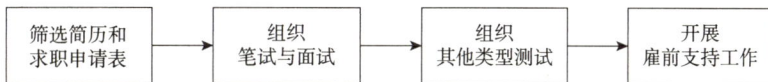

筛选简历和求职申请表 → 组织笔试与面试 → 组织其他类型测试 → 开展雇前支持工作

图4-2 科学筛选及雇前支持工作的主要操作流程

笔记处

（一）筛选简历和求职申请表

陈明深知，初步筛选是对应聘者是否符合岗位基本要求的一种资格审查，目的是筛选出那些背景和潜质都与空缺职位所需资格条件相当的候选人，并从中选出参加后续选拔的人员。因此，陈明通过从不同渠道搜寻、收集的应聘者的简历及填写的申请表进行资格审查和初选。

1.完成简历和求职申请表筛选的关键节点

（1）做筛选前准备。筛选前联系具体部门负责人，收集岗位基本信息如组织架构、岗位设置、岗位关键考核指标、岗位职责、所需具体要求条件等。

（2）进行初筛。使用关键词，如职位、职责、学历、工作年限、地点等，迅速发现和排除不符合的简历。核心点在于"只看否定项，不看符合项"，快速完成。

（3）细筛简历。重点解读应聘者既往经历的主要职责工作内容，既往成就和成功经验，既往管理幅度、管理经验以及简历中的疑问和瑕疵四个方面。主要关注应聘者的学历、专业相关性、职业发展经历、工作年限甚至年龄、身高、形象、心态、个性等是否与公司及岗位要求相匹配。对于职业变动频繁的应聘者，应注意分析其职业倾向与定位。

（4）推荐简历。向用人部门推荐经过初筛和细选的简历（至少3~5名供其比较。挑选其中1~2名条件较好的，其他是一般的），并将精选阶段淘汰的简历进行分类归档保存。

（5）进行简历数据分析。对不同渠道筛选的简历进行质量、特征、专业方向、数量、推荐率等分析，为后续渠道选择作参考。

2.筛选简历注意事项

简历是应聘者来公司应聘时自带的个人介绍材料，实际工作中简历的筛选没有统一标准，一般从以下几方面进行。

（1）分析简历结构。书写简历没有一定的格式，但优秀的简历结构是会说话、善沟通的一种表现。结构合理的简历都比较言简意赅，突出重点，通俗易懂，一般不超过2页。

（2）重视客观内容。简历从内容上大体可以分为两部分，即主观内容和客观内容。客观内容主要分为个人信息、受教育经历、工作经历和个人成绩四个方面。主观内容主要包括应聘者对自己的描述，如

"本人乐观向上，敬业奉献"等。企业方重点考察应聘者客观的学习工作经历、成绩荣誉、专业技能等的内容。首先，注意客观内容中的个人信息和受教育经历是否和空缺职位的要求相符，如果不相符，可以直接筛选掉。其次，注意客观内容中的工作经历和个人成绩的描述是否符合逻辑，如果存在虚假成分，也可以直接筛选掉。

（3）综合整体印象。阅读简历后的整体印象。可以用铅笔标明简历中的质疑点，在面试时作为重点提问的内容之一加以询问。为了提高应聘者材料的可信度，必要时应该检验应聘者的各类证明身份及能力的证件。

3.简历和求职申请表的区别

申请表是进行初步筛选的工具，目的在于收集关于应聘者过去和现在的工作经历、教育背景、培训情况、能力特长及职业兴趣等，以评价应聘者是否满足空缺职位的要求。一般企业会要求应聘者填写公司统一的申请表，便于企业就其所关心的问题进行横向比较。

（二）组织笔试与面试

1.笔试的难点及应用

对试卷内容的设计是笔试筛选环节的难点。一般要注意以下几个问题：一是命题要恰当。命题恰当与否，直接决定笔试考核的效度，因此命题既能考核应聘者的文化程度，又能体现出空缺职位的工作特点和特殊要求。太难或太易都会影响其效度。二是评阅计分规则要科学。每个考题的分值应与考核内容的重要性及考题难度成比例关系，否则总分数不能有效地表示应聘者的真正水平。三是阅卷及成绩复核要公正。笔试的试卷最好密封评阅，防止阅卷人徇私舞弊，另外阅卷前应统一评分的尺度，并建立严格的成绩复核制度，确保笔试成绩的公正性。

2.面试的基本流程

面试的基本流程包括面试前的准备阶段、面试开始阶段、正式面试阶段、结束面试阶段和面试评价阶段，具体如图4-3所示。

3.面试的提问技巧

面试技巧直接影响到所获信息的类型和质量。首先，好的面试技巧取决于是否使用了针对特定目标的、可以自由回答的问题。自由回答的问题指不能简单回答"是"或"不是"。而"谁""什么""何时""为什么""告诉我""怎样""哪个"都是开始提问的好方法，这

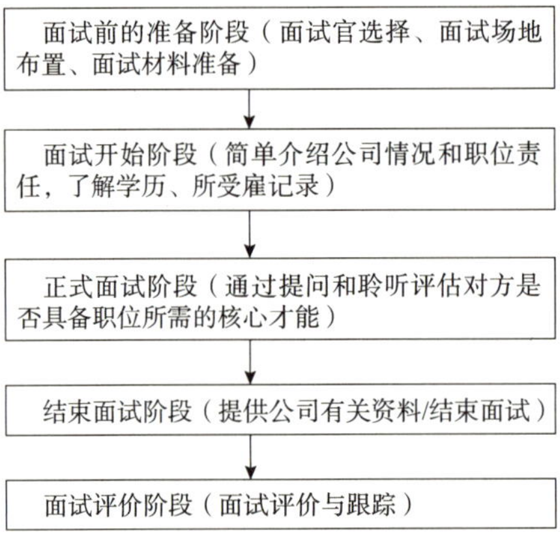

图4-3　面试的基本流程

（面试前的准备阶段（面试官选择、面试场地布置、面试材料准备）→ 面试开始阶段（简单介绍公司情况和职位责任，了解学历、所受雇记录）→ 正式面试阶段（通过提问和聆听评估对方是否具备职位所需的核心才能）→ 结束面试阶段（提供公司有关资料/结束面试）→ 面试评价阶段（面试评价与跟踪））

些可以引来更长和信息量更大的回答。

其次，避免提出一些特定类型的问题。例如：①很少能得到真正答案的问题。"你和同事相处得好吗？"基本上得到的都是肯定的答案。②诱导性问题，指答案显然可以由问题引出的问题。如"你喜欢和别人沟通，是吗？"回答："是"。③不合法的问题。包含了种族、年龄、性别、籍贯歧视的问题都是不合法的。④显而易见的问题，即面试官已经知道应聘者的答案，而且面试申请表中回答已经很清楚的问题。⑤与工作无关的问题。所有的问题都应该与应聘者申请的工作直接有关。

4.面试提问时应注意的问题

（1）尽量避免提出引导性的问题。即问带有面试官本人倾向的问题，否则，应聘者可能为迎合面试官而掩盖自己真实的想法。

（2）提出一些相互矛盾的问题，引导应聘者做出可能矛盾的回答，判断应聘者的真实情况。

（3）了解应聘者的求职动机。这是很重要也是很困难的事情，可以通过应聘者的离职原因、求职目的、职业发展、对职位的期望及价值取向等方面进行综合分析和考量。

（4）所提问题要直截了当，语言简练并做好记录，不要轻易打断应聘者的讲话。

（5）倾听并观察应聘者言行举止，了解应聘者的诚实度和自信心。

（三）组织其他类型测试

这里的其他测试主要指评价中心测试方法。评价中心是由多种方法组合而成的测评技术。它将被测评人置于一个逼真的模拟工作情境

笔记处

中，采用多种测评技术，观察和评价被测试人在该模拟工作环境下心理和行为的表现，以此预测被测试者的管理技能和潜能，是企业选拔管理人才的评价方法。主要包括无领导小组讨论、文件筐测验、角色扮演、即席演讲、案例分析、管理游戏等。

测评工具自身的特点和相应的操作成本等限制使得一种测评工具不可能适用于所有素质要项的测评，不同素质须对应不同的测评工具和方法。因此，选择有效的测评方法并进一步确定每种方法所占的权重，是实现有效招聘的重要前提。无论采取何种测评方法，都可以采取与胜任力模型构建互逆的方式，即将构建胜任特征时的关键行为事件作为情境设计的蓝本，在此基础上进行组合修订，设计出所有应聘者都能理解的工作情景，并根据行为事件访谈中被访谈者提到的有效行为和成功问题解决策略，设计情景模拟的观察要素。

关键操作流程如图4-4所示。

图4-4　评价中心测评技术的选择流程

（四）开展雇前支持工作

雇前支持工作是在招聘过程中明确拟录用对象后，开展的入职前的相关支持性、辅助性工作，主要包括工作意向沟通、录用谈判、录用通知书的制作发放及候选人背景调查、体检等。

1. 工作意向沟通

先通过电话与候选人进行初步沟通，了解其目前工作状态，确定其意向，再次核实并确定其期望薪酬，摸底对方内心的最低接受度。如：××先生/女士，您好，我是××公司人力资源部××，很高兴通知您，您已经通过所有环节的面试，我们已经确定录用您。不知道您的意向如何。

2. 录用谈判

录用审批完成后，需和候选人进行谈判。谈判不局限于谈直接回报或货币形式回报本身，主要是告诉其全面的信息，如岗位对应的等级、薪酬、福利补贴、晋升通道、年调薪幅度以及企业能带给候选人的其他附加值。如候选人对薪酬有不满，首先告诉候选人定薪依据，表示对其的认可和强烈录用意向，并表示可以进一步帮助沟通协调，看是否有涨幅空间。

3.录用通知书的制作

在招聘甄选的每个环节，都包括录用或辞退两种情况。双方口头确定录用细节后，可出具书面录用通知书，并提前和候选人沟通哪些信息会直接体现，哪些信息间接体现，哪些信息不会体现，通知书经公司审批后方可发放，并要求对方在规定时间内回复确认。另外，招聘过程也是企业宣传形象、树立形象的过程，因此应聘者无论是否录用，都应该进行妥善处理。如果应聘者被录用，应该以正式的、书面的形式下发录用通知书；如果应聘者落选，也应该及时以书面形式通知本人。

4.背景调查

背景调查指企业通过合理合法途径，对应聘者以往经历（包括工作时间、岗位名称、工作职责、教育经历、薪资水平）、犯罪记录、诚信状况、他人的评价等进行调查。目的是获得应聘者更全面、更真实的信息，帮助挑选合适的候选人，保证招聘质量。背景调查一般安排在面试结束后与上岗前的间隙，既可以委托声誉较好的中介公司，也可以由人力资源部门进行。主要操作节点包括：根据企业需求确认背景调查方式，告知拟录用员工确认授权，组织开展电话、发函、网络或面谈等背景调查，最后出具背调报告。

5.录用决策计算和应注意的问题

在作出最终录用决策时，应注意以下问题。

（1）录用标准应根据岗位的要求有所侧重。企业最终录用的人选一定能够满足空缺职位的需要，因此必须针对不同的职位赋予各种能力素质不同的权重，这样才能突出重点，甄选到最能与岗位相匹配的员工。

（2）录用标准不应设置得太高。做出录用决策时，不能吹毛求疵，必须把握应聘者哪些能力素质是完成空缺职位的工作必不可少的，录用的指导思想应该是最合适的，而不是最优秀、最全面的员工。

（3）减少作出录用决策的人员。录用决策的人员应该是那些参与考察应聘者表现并且是和应聘者共事的人员，要坚持少而精的原则。

笔记处

（4）初步录用的人选名单要多于实际录用的人数。因为在随后的背景调查、确定薪酬过程中，可能会有一些候选者不能满足企业的要求，或是有些人有了更理想的选择而放弃这次就业机会。企业要为此事先做好准备。

6.体检

体检是录用时不可忽视的一个环节。不同的职位对健康的要求有所不同。首先，确定应聘者身体条件是否符合岗位的要求。例如，厨师不能有传染病、士兵要有良好的视力等。其次，建立应聘者的健康记录，为未来的保险或员工的赔偿要求提供依据。

任务三　评价招聘效果

必备知识

一、相关概念

（一）成本效益评估

成本效益评估是指对招聘中的费用进行调查、核实，并对照预算进行评价的过程。它是鉴定招聘效率的一个重要指标。

（二）招聘收益成本比

招聘收益成本比既是一项经济评价指标，也是对招聘工作的有效性进行考核的指标。招聘收益成本比越高，说明招聘工作越有效。计算方法如下：

招聘效益成本比 = 所有新员工为组织创造的总价值/招聘总成本

（三）信度与效度评估

信度与效度评估是对招聘过程中所使用方法的精确性与有效性的检验，这无疑会提高招聘工作的质量。信度和效度是对测试方法的基本要求，只有信度和效度达到一定水平的测试，其结果才适于作为录用计划的依据，否则将误导招聘人员，影响其做出正确的决策。

二、招聘成本

笔记处

招聘成本分为招聘总成本和招聘单位成本。招聘总成本由直接成本和间接成本构成。直接成本包括招聘费用、选拔费用、录用员工的家庭安置费用和工作安置费用、招聘人员差旅费、应聘人员招待费及其他费用。间接费用包括内部提升费用、工作流动费用。更广义的招聘总成本包括获取成本、开发成本、保健费用、离职成本，在实际工作中，有些成本与费用的计算比较困难。招聘单位成本是招聘总成本与录用人数的比。在其他条件相同时，招聘总成本与单位成本越低，招聘的效益越高。

三、新时期的招聘评估

招聘的结果评估在共享服务中主要体现在相关数据的收集分析和共享。

在大数据方面，传统的招聘评估有成本效益、数量质量方面的定量评价，也有一些新员工满意度体验调查、人力资源部门的主观意见和用人部门意见等的定性评价。但是有了大数据的辅助，可以做到结合统计数据进行招聘前后的对比分析，包括新员工的离职预测，以减少离职影响和招聘的重置成本，使得招聘的评估更加具体、更有针对性。

🎴 实践任务

一、任务描述

在招聘活动结束之后，企业应及时进行总结。通过招聘成本评估、录用员工评估、招聘人员工作评估以及招聘活动总结报告等对招聘工作的全过程进行记录和经验总结，检验招聘工作成果与方法的有效性，以利于招聘方法的改进。

二、任务场景

陈明在恒信股份有限公司新员工招聘工作一结束，就趁热打铁，总结此次招聘的成败，总结经验教训，为以后招聘工作的开展和进一步改进提供帮助。他先后从招聘的成本效益、数量完成情况和新员工质量考核反馈等方面入手，收集相关资料数据，核算招聘数量、成本和相关指标，核查招聘计划的完成率、应聘比、录用比，并结合用人部门反馈的情况、新员工的试用报告等，多方面考察招聘的效果，进行信度和效度的全面分析，撰写出恒信公司此次招聘工作的总结。

三、任务实施

评价招聘效果工作的主要流程如图4-5所示。

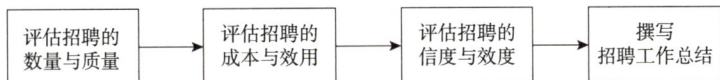

```
┌──────────┐   ┌──────────┐   ┌──────────┐   ┌──────────┐
│ 评估招聘的 │ → │ 评估招聘的 │ → │ 评估招聘的 │ → │  撰写    │
│ 数量与质量 │   │ 成本与效用 │   │ 信度与效度 │   │招聘工作总结│
└──────────┘   └──────────┘   └──────────┘   └──────────┘
```

图4-5　评价招聘效果的主要操作流程

（一）评估招聘的数量与质量

1.评估数量

录用人员数量评估主要是分析在数量上是否满足需求的原因，以便找出各招聘环节上的薄弱之处，改进招聘工作。可以从录用比、招聘完成比和应聘比三方面进行。

$$录用比 = （录用人数/应聘人数）\times 100\%$$

录用比是对招聘效果和方法进行有效性检验的另一个重要方面。其他条件相同时，录用比越高，说明招聘的效果越好；录用比越小，说明录用者的素质可能越高。

$$招聘完成比 = （录用人数/计划招聘人数）\times 100\%$$

招聘完成比大于或等于100%时，说明在数量上完成或超额完成招聘任务。为人力资源规划的修订提供依据。

$$应聘比 = （应聘人数/计划招聘人数）\times 100\%$$

应聘比说明招聘的效果，其他条件相同时，应聘比越大，说明招聘信息发布的效果越好。

2.评估质量

质量评估是对录用人员工作绩效行为、实际能力、工作潜力等方面进行的各种测试和考核的延续，其方法与绩效考核方法类似。如招聘合格率，即顺利通过岗位适应性培训、试用期考核最终转正的员工即合格招聘人数所占的比率；新员工试用期离职率，即试用期离职员工人数占录用人数的比例，该指标越低，说明招聘质量越高，反之，招聘工作质量越低。

（二）评估招聘的成本与效用

成本效用评估是对招聘成本所产生效果进行的分析，主要包括招聘总成本效用分析、招聘成本效用分析、人员选拔成本效用分析、人员录用成本效用分析等。计算方法如下：

$$单位招聘成本 = 总成本 / 录用人数$$

$$总成本效用 = 录用人数 / 招聘总成本$$

$$招聘成本效用 = 应聘人数 / 招聘期间的费用$$

$$选拔成本效用 = 被选中人数 / 选拔期间的费用$$

$$录用成本效用 = 正式录用的人数 / 录用期间的费用$$

$$收益成本比 = 所有新员工为组织创造的总价值 / 招聘总成本$$

（三）评估招聘的信度与效度

1.评估信度

信度主要指测试结果的可靠性或一致性。可靠性指一次又一次的测试总是得出同样的结论，它或者不产生问题，或者产生同样的问题。通常信度可分为稳定系数、等值系数、内在一致性系数（表4-3）。

主要的操作关键点包括：各种甄选方法的信度分析，如知识考试、心理测验、面试和评价中心的信度分析，前两个相对容易，后两个较困难；分析影响信度高低的原因，如对测试方法厌倦、对测试问题答案的回忆及身体不适等其他个人因素。

表4-3　信度的分类

信度类别	含义
稳定系数	用同一种测试方法对一组应聘者在两个不同时间进行测试的结果的一致性
等值系数	对同一应聘者使用两种对等的、内容相当的测试的结果之间的一致性
内在一致性系数	把同一（组）应聘者进行的同一测试分为若干部分加以考察，各部分所得结果之间的一致性

稳定系数——一致性可用两次结果之间的相关系数来测定。相关系数的高低既与测试方法本身有关，也与测试因素有关。此法不适用

笔记处

于受熟练程度影响较大的测试，因为被测试者在第一次测试中可能记住某些测试题目的答案从而提高第二次测试的成绩。

等值系数——对同一个应聘者使用内容相当的个性测试量表测试时，测试结果应当大致相同。等值系数可用两次结果之间的相关系数来表示。

内在一致性系数——可用各部分结果之间的相关系数来判断。

此外，还有评分者信度，指不同评分者对同样对象进行评定时的一致性。例如，如果许多人在面试中应用一种工具给一个求职者打分，他们都给候选人相同或相近的分数，则说明这种工具具有较高的评分者信度。检测评分者信度的方法一般有再测信度、对等信度和半分信度。

2.评估效度

效度即有效性或精确性，指应聘者的测试成绩和实际工作绩效之间的相关程度。如果在测试中成绩最好者也是今后实际工作绩效最好的人，同时在测试中成绩最差者也是今后实际工作绩效最差的人，则说明这一测试方法具有很高的效度。效度的检测可分为预测效度、同测效度、内容效度三种（表4-4）。

表4-4　效度的分类

效度类别	含义
预测效度	用来预测将来行为的有效性
同测效度	对现在员工实施某种测试，然后将测试结果与员工的实际工作绩效考核得分进行比较，若两者的相关系数很大，则说明此测试效度就很高
内容效度	测试方法能真正测出想测的内容的程度

预测效度——企业使用某测试方法进行选拔录用，甲测试的分数高于乙，但录用后经过一段时间工作发现，在相同条件下，乙的工作绩效比甲好，说明这种测试方法的效度低。因此，可用此法进一步评估、预测应聘者的潜力。

同测效度——甲的工作绩效比乙好，用某种测试方法对他们进行测试，发现甲的成绩就是比乙好，说明这种测试方法的效度比较高。这种方法不适用于选拔员工时的测试，它是根据现有员工测试得出的，而现有员工所具备的经验、对组织的了解等，是应聘者所缺乏的，因此测试的结果不能准确地反映应聘者的潜力或能力。

内容效度——招聘打字员时，用打字速度及准确性作为测评方法，其内容效度是比较高的；如果用计算机维修技术作为测试方法，其内容效度就比较低，因为计算机维修技术不是打字员的工作职责。内容效度的检验主要采用专家判断的方法，首先专家要在工作分析的基础上，确定从事某一职位所必备的工作行为，然后判断测试的内容是否能够准确代表这些行为。与前两种不同的是，它不涉及测试的成绩。内容效度多应用于知识测评与实际操作测验，而不适用于对能力或潜力的预测。

（四）撰写招聘工作总结

招聘工作总结主要包括招聘计划、招聘进程、招聘结果、招聘经费、招聘评定（经验和不足）。

📣 学习研讨

背景描述	A公司是一家知名的提供企业数字化转型IT咨询及解决方案的服务商，由于目前企业数字化转型需求激增，预计今后几年企业订单将爆发式增长。为此，企业计划通过校园招聘大量储备人才，为后续发展做好人才准备。经过研究，A公司计划下个月到当地某大学进行校园宣讲会。你是该公司校园招聘负责人，请制订校园招聘方案并说明如何组织
研讨主题	校园招聘方案的制订和组织
成果展示	每个团队以PPT和现场模拟招聘等形式展示

📣 学习评价

内容组织	素养提升			评价结果
内容全面且组织有条理：小组成员分工明确，方案内容全面、方法科学、模拟活动组织安排合理	语言通顺简洁、思路清晰、重点突出	熟练运用PPT、视频、动画等信息化技术手段	很好体现团队协作精神和信息处理能力	优秀□
内容比较全面且组织比较有条理：小组成员分工较明确，方案内容较全面、方法科学、模拟活动组织安排比较有合理	语言较通顺简洁、思路较清晰、重点突出	较熟练运用PPT、视频、动画等信息化技术手段	较好体现团队协作精神和信息处理能力	良好□

笔记处

内容组织	素养提升		评价结果
内容不全面且组织条理不清：小组成员分工不够明确，方案内容有欠缺、方法不够科学、模拟活动组织安排有待提升	不能够很好组织语言、思路不清晰	不能熟练运用视频、动画等信息化技术手段	一般□
		不能很好体现团队协作精神、信息提炼不准确	

学习检测

（1）内外部招聘渠道有哪些？各有什么优缺点？

（2）招聘广告的内容和设计原则分别是什么？

（3）个人简历和求职申请表有哪些区别？筛选时应注意哪些问题？

（4）面试的组织实施过程是怎样的？

（5）招聘评估的工作总结如何撰写？

学习检测

学习小结

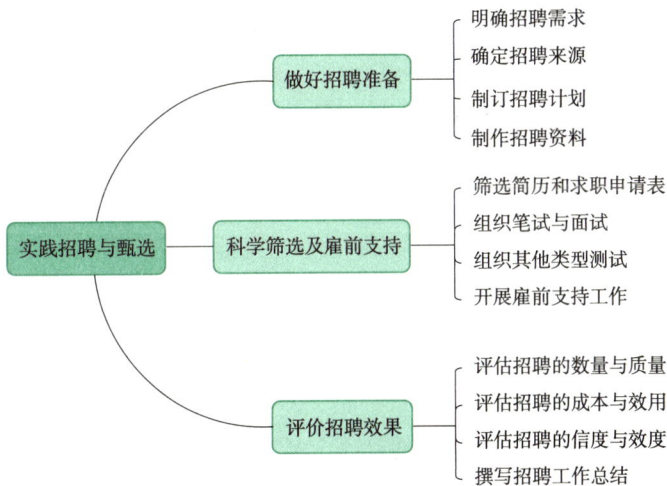

实践招聘与甄选
- 做好招聘准备
  - 明确招聘需求
  - 确定招聘来源
  - 制订招聘计划
  - 制作招聘资料
- 科学筛选及雇前支持
  - 筛选简历和求职申请表
  - 组织笔试与面试
  - 组织其他类型测试
  - 开展雇前支持工作
- 评价招聘效果
  - 评估招聘的数量与质量
  - 评估招聘的成本与效用
  - 评估招聘的信度与效度
  - 撰写招聘工作总结

笔记处

单元五　开展员工培训

情景导入

在恒信股份有限公司工作实习了近3个月后，陈明对工作分析与设计、人力资源规划、员工招聘等已经有了基本的了解。但由于公司快速扩张，导致目前人力资源配置、人员素质和企业发展存在问题，员工培训被提上日程。王经理希望陈明和大家一起为企业制订并实施相关的培训项目，解决上述问题。

职业导向

员工培训是人力资源管理的一项基本职能，也是人力资源实现增值的一条重要途径，这种增值对组织的作用越来越大，因此要想做好员工培训工作，必须理解员工培训的内涵、目标、类型及程序，掌握培训需求分析的作用、方法和内容，会制订培训计划，熟悉培训的具体实施程序，并且根据培训目的的不同选择不同的培训方法，最后还要进行培训的跟踪、监控与评估。

学习目标

1.知识目标

掌握培训实施的一般操作流程，掌握培训需求分析信息收集的方法、掌握培训需求分析的作用、内容，掌握培训计划的内容及制订培训计划的基本程序和方法，掌握各类培训方法的应用及选择程序，掌握收集培训效果信息的方法及培训效果评估的工作流程。

2.能力目标

具有收集整理和分析资料的能力，能够进行培训需求分析、确定培训的目标，初步具备设计培训方案的能力，具有团队合作精神和组织协调的能力，能够独立开展相关培训工作的能力。

笔记处

3.素养目标

培养团队创新意识、服务意识、危机意识，具有强烈的责任感和事业心，培养较强的沟通和协调能力。

☑ 任务一 培训需求分析

💬 必备知识

一、员工培训的内涵

员工培训指为了提升员工工作绩效和组织整体绩效，采用各种方式对员工进行有目的、有计划的培养和训练的管理活动。

（一）培训的对象是全体员工

培训的对象必须是组织的全体员工，而不是某部分员工，也就是说，全体员工都要纳入培训体系。但并不是每次具体培训的对象都必须为全体员工。

（二）培训的内容应与员工工作有关

凡与工作有关的内容都属于培训的范畴。应紧密结合员工的工作内容，如工作所需要的知识、技能、态度，企业的战略规划以及企业的规章制度等。与工作无关的内容不在培训的范围之内。

（三）培训的目的是提高绩效

通过改善员工的工作绩效进而提升组织的整体绩效，是组织进行培训的主要目的，也是衡量培训工作成败的根本性标准，如果不能实现这一目的，培训开发工作就失去了意义。

（四）培训的过程是按程序进行的

培训首先应当进行需求分析，其次制订培训计划，由组织实施培训，最后要对培训进行评估。

二、员工培训的作用

员工培训的主要作用：改善态度、传播企业文化、传授知识、培养能力、提高绩效、减少离职率。

笔记处

（一）改善态度

从图 5-1 培训的模型可以看出：员工的绩效是由员工的行为导致的，员工的行为又是由员工的动机引起的，员工的动机主要是由其知识、技能和态度决定的，其中态度是核心和突破口，其作用尤其突出。只有建立正确的态度，才能激发员工强烈的工作动机，进而产生积极、持久的行为，最终引发高绩效。

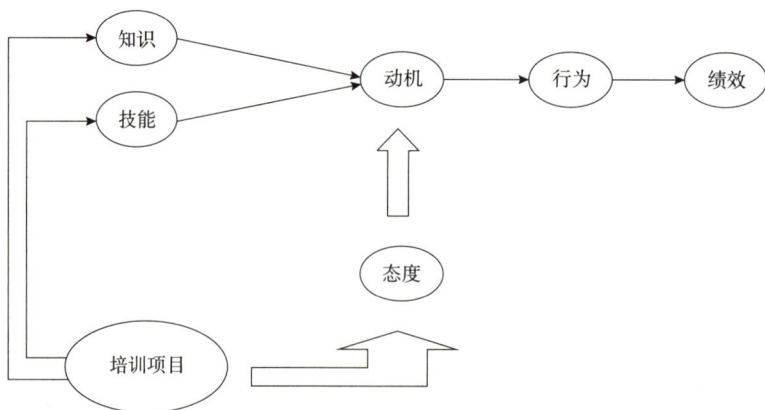

图 5-1　培训的模型

（二）传播企业文化

企业文化是企业所拥有的共同的价值观和经营理念。企业文化能增强员工的凝聚力与向心力、指导员工自觉行为、协调团队合作和提升企业形象。因此，让员工适应并融入企业文化中，自觉地遵守并维护企业文化，是培训的重要内容。

（三）传授知识

在知识更新速度较快的今天，让员工掌握和企业岗位相关的最新理论知识，能为技能的提升打下良好的基础。

（四）培养能力

培养能力指掌握相关技术、程序、方法、工具等，包括基本能力和处理实际问题的能力。基本能力是员工从事岗位工作所需要具备的知识和技能，处理实际问题的能力主要有心理素质、理解能力、判断能力、创造能力、组织能力和协调能力等。

（五）提高绩效

通过适时的培训，员工的知识、技能、能力等均能得到不同程度的提高，进而也会提高绩效。

笔记处

（六）减少离职率

员工离职的费用很高，如果实时培训可以减少损失。有研究表明，实行有效的培训后，员工离职率能减少40%。

三、培训需求分析的内容

企业的培训需求是由各方面的原因引起的，确定需要进行培训需求分析并收集到相关资料后，就要从不同层次、不同对象、不同阶段对培训需求进行分析。

（一）培训需求的层次分析

培训需求分析可以在三个层面上展开组织分析、工作岗位分析和员工个人分析。

组织分析需要着重分析三个问题：从企业发展战略的高度预测企业未来在技术、销售市场及组织结构上可能发生的变化，以及对人力资源的数量和质量的需求状况，确定适应企业发展需要的员工能力和素质；分析管理者和员工对培训活动的支持态度，确定受训者将培训中学到的知识、技能、行为等运用到实际工作中的概率等；通过对企业的培训费用、培训时间及与培训相关的专业知识等培训资源的分析，确定是利用企业内部人员对相关员工进行培训，还是从企业外部购买培训服务。

对工作岗位进行分析的最终结果是对有关工作活动的详细描述，包括对员工执行任务的描述和完成任务所需要的知识、技术和能力的描述。这里对工作岗位的分析，主要是研究怎样具体完成各自所承担的职责和任务，即研究具体任职人员的工作行为与期望的行为标准，找出差距，从而确定其需要接受的培训。工作岗位分析的结果是设计和编写相关课程的重要资料来源。

员工个人分析主要确定员工目前的实际工作绩效与企业的员工绩效标准对员工的要求之间是否存在差距，确定谁需要和应该接受培训。信息来源包括员工业绩考核的记录、员工技能测试成绩以及员工个人填写的培训需求问卷等资料。员工个人分析需要着重分析以下几个问题：员工是否具有完成工作所具备的知识、技术、能力和态度。员工是否得到必要的指导，如应该干什么、怎样干和什么时候干等。员工是否了解工作的目标。员工的工作结果及其激励措施。员工的工

笔记处

作反馈，即有没有人定期向员工反馈其工作表现，让员工知道自己做得怎样。只有在以上分析的基础上才能制定具有针对性的培训项目。

（二）培训需求的对象分析

培训通常包括新员工和在职员工的培训，所以培训需求的对象分析包括新员工培训需求分析和在职员工培训需求分析。

1.新员工培训需求分析

新员工的培训需求主要产生于新员工对企业文化、企业制度等不了解而不能融入企业，或是对企业工作岗位等不熟悉而不能很好地胜任新工作。对于新员工的培训需求分析，特别是对于从事基础性工作的新员工的培训需求，通常使用任务分析法决定其在工作中需要的各种技能。

2.在职员工培训需求分析

在职员工的培训需求主要是由于新技术在生产过程中的应用等，使得在职员工的技能不能满足工作需要等而产生的，通常采用绩效分析法决定在职员工的培训需求。绩效分析法的核心在于区分不能做和不愿意做的问题。首先，确定是否不能做，如果不能做，就要了解具体原因：员工不知道要做什么，或者不知道标准是什么；系统中的障碍，如缺少工具或原料；工作的辅助设备问题；人员选拔失误导致员工不具备工作所需技能；培训不够等。其次，确定是否是不愿意做，如果是不愿意做，就要改变员工的工作态度或公司激励制度。

（三）培训需求的阶段分析

根据培训针对的是目前存在的问题还是为满足将来的需要，可以将培训需求分为目前培训需求分析和未来培训需求分析。

目前培训需求分析是针对企业目前存在的问题和不足而提出的培训要求，主要分析企业现阶段的生产经营目标、生产经营目标实现状况、未能实现的生产任务、企业运行中存在的问题等方面，找出这些问题产生的原因，并确认培训是解决问题的有效途径。

未来培训需求分析主要为满足企业未来发展过程中的需要而提出的培训要求，主要采用前瞻性培训需求分析方法，预测企业未来工作变化、员工调动情况、新工作岗位对员工的要求以及员工已具备的知识水平和尚欠缺的部分等。

笔记处

四、培训需求分析的方法

培训需求分析的方法有很多，包括行为观察法、问卷调研法、访谈法、咨询法、集体研讨法、测验法、评价中心法、书面资料研究法等，下面介绍几种常用的方法及其优缺点（表5-1）。

表5-1　常用的培训需求分析方法及其优缺点

培训需求分析方法	优点	缺点
行为观察法	1.有利于得到有关工作环境的资料 2.将评估活动对工作的干扰降至最低	1.观察员需要具备熟练的观察技巧 2.只能在观察到的环境中收集资料 3.被观察者的行为方式有可能因被观察而受到影响
访谈法	有利于观察当事人的感受、问题的症结和解决方式	1.费时 2.不易量化分析 3.需要熟练的访谈技巧
问卷调研法	1.可以在短期内向大量的人员进行调查 2.成本低 3.使被访者回答问题时更加自然 4.易于对数据资料进行归纳总结	1.问卷编制周期较长 2.限制受访者表达意见的自由，不够具体 3.回收率可能会很低，有些答案不符合要求

🎙 实践任务

一、任务描述

低效的培训确实成为企业的一个大难题，不仅没有效果，还浪费企业的资金，造成成本负担，企业必须懂得如何进行培训。培训不仅是人力资源管理的一项基本职能，也是人力资源实现增值的一条重要途径。因此，重视员工培训，就必须首先了解培训的作用，掌握培训需求分析的方法和程序。

二、任务场景

恒信股份有限公司一直将创新视为发展的核心，因此该公司会投

笔记处

入大量的资源用于员工的培训与发展，以满足企业对创新的需求。对于企业培训来说，第一步要做的事情就是确定培训需求，陈明是如何通过人力资源规划来进行培训需求分析呢？他将要按照如下步骤展开自己的工作。

三、任务实施

培训需求调查是一项系统的工作，需要遵循一定的程序，包括培训前期的准备工作、制订培训需求调查计划、实施培训需求调查计划、分析与输出培训需求结果等几个步骤。主要流程如图5-2所示。

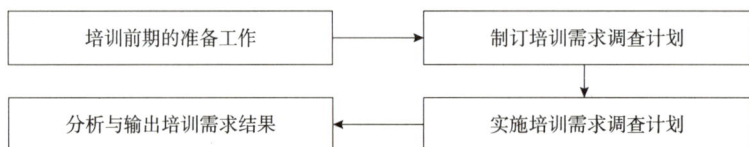

图5-2 培训需求分析流程图

（一）做好培训前期的准备工作

培训工作开展之前，培训者就要有意识地收集有关员工的各种资料。这样不仅能在培训需求调查时很方便地调用，而且能够随时监控企业员工培训需求的变动情况，以在恰当的时候向领导请示开展培训。做好培训前期的准备工作包括以下内容。

1.建立员工背景档案

培训部门应注意员工素质、员工工作变动情况以及培训历史等方面内容的记载，建立员工背景档案。

2.同各部门人员保持密切联系

培训工作的性质决定了培训部门需要和其他部门之间保持更密切的合作联系，以随时了解企业生产经营活动、人员配置、企业发展方向等方面的变动，使培训活动的开展更能满足企业发展需要、更有效果。

3.向主管领导反映情况

培训部门应建立一种途径，使员工可以随时反映个人的培训需求，可以借鉴投稿信箱的方式，或者安排专人负责这一工作。

4.准备培训需求调查

培训者通过某种途径意识到有培训的必要时，在得到领导认可的

笔记处

情况下，就要开始培训需求调查的准备工作。

（二）培训需求调查计划

制订培训需求调查计划应包括以下几项内容。

第一，确定培训需求调查工作的目标，即根据培训项目的需要确定培训需求调查工作应达到的目标。

第二，培训需求调查工作的行动计划，即安排活动中各项工作的时间进度以及各项工作应注意的一些问题。

第三，选择合适的培训需求调查方法，即根据企业的实际情况以及培训中可以利用的资源选择一种合适的调查方法。如对于工作任务安排非常紧凑的企业员工不宜采用访谈法，对于专业技术性较强的员工一般不用行为观察法。大型培训可以采用数种方法，如调查问卷法和个别访谈法结合使用，可扬长避短，但会增加成本费用。

第四，确定培训需求调查的内容。首先分析这次培训需求调查应得到哪些资料，然后除去手中已有的资料，就是需要调查的内容。

（三）实施培训需求调查计划

在制订了培训需求调查计划后，就要按照确定的计划依次开展工作。实施培训需求调查计划主要包括以下步骤。

1.提出培训需求动意和愿望

由培训部门发出制订计划的通知，请各负责人针对相应的岗位需要提出培训愿望。

2.调查、申报、汇总培训需求动意和愿望

相关人员根据企业或部门的理想需求与现实需求、预测需求与现实需求的差距，调查、收集不同部门和个人的各类培训需求信息，整理、汇总培训需求动意和愿望，并报告给企业培训组织管理部门或负责人。

3.分析培训需求动意和愿望

申报的培训需求动意和愿望并不能直接作为培训的依据，需要由企业的组织计划部门、相关岗位、相关部门以及培训组织管理部门从整体和近中期的工作计划来考虑，共同对申报的培训需求动意和愿望进行分析。

4.初步汇总培训需求意见，确认培训需求

培训部门对汇总后并加以确认的培训初步需求列出清单，参考有关部门的意见，根据重要程度和迫切程度初步排列培训需求，并依据

笔记处

所能收集到的培训资源制订初步的培训计划和预算方案。

（四）分析与输出培训需求结果

1.对培训需求调查信息进行归类、整理

培训需求调查的信息来源于不同的渠道，信息形式有所不同，因此有必要对收集到的信息进行分类，并根据不同的培训调查内容的需要进行信息归档，同时要制作一套表格对信息进行统计，并利用直方图、分布曲线等工具将信息所表现的趋势和分布状况予以形象地表示。

2.对培训需求进行分析、总结

对收集到的调查资料进行仔细分析，从中找出培训需求。要结合业务发展的需要，根据培训任务的重要程度和紧迫程度对各类需求进行排序。

3.撰写培训需求调查报告

对所有的信息进行分类处理、分析和总结后，需要根据处理结果撰写培训需求调查报告，报告结论要以调查的信息为依据，不可根据个人主观看法做出结论。

任务二　培训实施支持

必备知识

一、培训的形式

培训的形式分为线下（现场）培训及线上培训两种，两种形式各有优势，通常会结合培训项目的情况选择合适的形式，目前趋势是线上线下相结合。培训的形式及其优劣势如表5-2所示。

（一）线下培训

将学员组织聚集在某个场地中，由教师面对面讲授课程、指导解答学员问题。此种培训形式适合素质能力类培训，如团队管理、沟通能力、解决问题能力等。

（二）线上培训

学员通过互联网在电脑上学习课程，远程和教师进行及时或者非及时的沟通交流。此种培训形式适合知识技能类培训，如安全管理、

笔记处

软件开发等。

表5-2　培训的形式及优劣势

形式	优势	劣势
线下培训	1.集中学习时学员可避免外界打扰，精力更集中 2.和教师面对面沟通交流，知识吸收、理解更容易 3.和其他学员现场互动，更容易打造团队合作氛围	1.组织难度大，一定程度上会影响教师和学员的日常工作 2.组织成本高，需要投入更多人力组织实施，还有场地、差旅等额外费用
线上培训	1.没有场地和时间限制，学员学习更自由，可以根据自己的时间灵活学习 2.课程录制好放在学习平台上可以开放给更多人观看，复用率高 3.组织实施更便捷、快速	1.学员自行观看课程时是否专心完成课程学习未知，学习效果不好把控 2.缺乏和教师沟通交流的机会，不利于知识的理解和吸收

本单元主要介绍线下培训的组织实施过程，和线上培训相比，培训组织工作内容会有差异，线下培训不需要做现场准备和支持相关工作，但会更加侧重对培训目标人群的需求分析、培训效果的评估分析、在线课程的维护等工作，帮助培训部门不断优化学习形式及内容。

二、培训的方法

培训的方法多种多样，主要包括讲授法、研讨法、视听法、角色扮演法、案例分析法、户外训练法、游戏模仿法等。根据不同的培训课程，选择不同的培训方法，或是将几种培训方法相互结合使用，这样可以使课程丰富多彩，增强培训效果。

（一）讲授法

讲授法主要通过语言表达的形式传授知识、技能，同时结合一些辅助工具，使一些抽象的知识变得具体形象、浅显易懂。讲授法可以针对众多被培训者，常用于一些理念性知识的培训中，向群体介绍或者传授单一课程。

（二）研讨法

研讨法比较注重培养独立钻研的能力，在培训中多为互动环节，可以进行提问、探讨和争辩，使被培训者获益良多。

笔记处

（三）视听法

视听法即多媒体教学法，指在培训授课过程中利用电影、录像、录音、计算机等视听教材与被培训者进行互动交流，使其形成多方位的感受，产生较为深刻的印象。这种培训方法较多地运用于新员工的培训中，如介绍企业概况、传授技能知识等一些概念性知识的培训中。

（四）角色扮演法

角色扮演法指在培训中设定一个接近现状的情境，指定被培训者扮演某种角色，借助角色扮演来理解角色的内容，这样可以提高被培训者在现实工作中解决问题的能力。该方法比较适合对实际操作人员或者管理人员进行培训，也可用于新员工、员工岗位轮换及职位晋升时的培训，能够使其更好地适应新的岗位和新的环境。

（五）案例分析法

案例分析法是将实际工作中出现的问题形成案例，让被培训者根据案例中的真实背景材料进行分析，提出解决问题的办法，从而增强其分析问题、判断问题、解决问题及执行业务的能力。这种培训方法比较适合静态解决问题，对于新员工、管理人员等各个职位的培训都比较适用。

（六）户外训练法

户外训练法又称拓展训练，指在户外环境下让被培训者直接参加到精心设计好的培训程序中，从而自我发现、自我激励，提高个体适应环境的能力，进而提高整个团队适应环境的能力。

（七）游戏模仿法

游戏模仿法是将游戏引入培训中，可以使被培训者通过娱乐活动加强对知识、技能的理解，也可以增强团队的沟通及团队合作精神。这种方法比较适合以沟通为主题的培训课程。

📢 实践任务

一、任务描述

在企业内，通常会由专门的培训部门根据企业发展战略和人才培养目标制订年度培训计划，包括培训目标人群、课程目标、培训形

笔记处

式、培训时间、讲师资源等。陈明在接到培训实施任务时，首先要与培训项目负责人就培训组织过程、人员分工、执行要求、注意事项等进行沟通并达成一致，形成书面培训实施流程规范，培训项目负责人确认后，陈明再依据执行。

二、任务场景

为增强经理人员的团队管理能力，恒信股份有限公司培训部每年会针对经理人群开展经理管理训练营项目。陈明负责这场培训的组织实施工作，他将按照如下步骤展开自己的工作。

三、任务实施

通常来说，培训实施的组织工作分为培训前、培训中和培训后三个阶段，包括培训实施要求沟通、培训通知、学员报名确认、讲师沟通、场地预订及布置、培训物料准备、开课前各项工作确认、到场确认、开场主持、现场支持、结束主持、培训总结、课后跟进等环节。具体流程如图5-3所示。

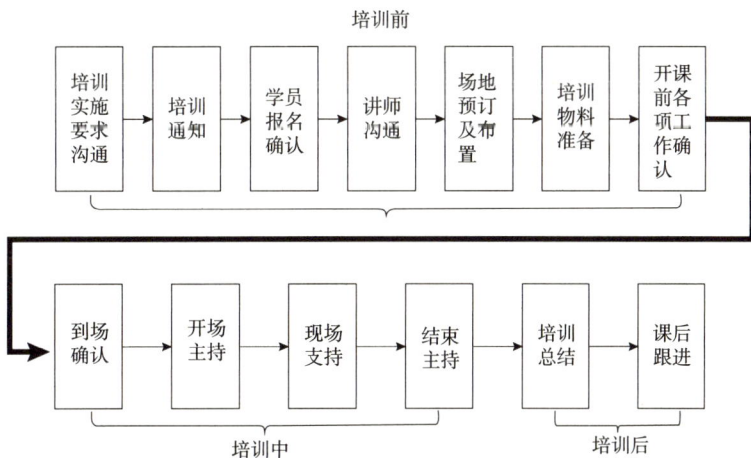

图5-3　培训实施支持主干流程图

（一）培训实施要求沟通

陈明与培训项目负责人就培训目标、要求等做了沟通，以便后面能更有效地准备好各项工作，他给自己列了一个沟通问题清单：①本

笔记处

次课程学员目标人数有多少？②培训日期，当天具体日程，如上课及下课时间、中间休息时间如何安排？③参训要求是什么？是否可以请假？缺席如何处理？④课程场地要求是什么，是公司内部场地还是外面租赁？⑤课程讲师采用外聘讲师还是内部讲师？外聘讲师是外地还是本地？⑥课程涉及的物料有哪些？是否需要印刷？⑦课程中是否有互动设计？是否需要助手支持？⑧培训期间是否给学员提供餐食？如果有，预算是多少？⑨本次课程是否有课后作业？如果有，是什么？完成时间要求多久？⑩期间需要支付的费用，如何走流程？⑪培训组织重要环节的执行要求是什么？如时间要求、结果要求。⑫确认负责人提供学员名单、培训通知内容、日程安排、讲义内容、讲师介绍、调研反馈问题等。

（二）培训通知

按照约定，开课前2周，陈明将制作好的培训通知邮件发送给目标学员，培训通知内容一般包含如下要素：培训日期、培训地点、培训日程安排、课程介绍、讲师介绍、请假规定、报名确认方式、培训实施负责人及联系方式、其他注意事项。

（三）学员报名确认

为保证公司培训资源充分使用，促使目标学员尽可能参加培训，在开课前，陈明需要提前一周、提前3天、提前一天分别跟目标学员确认报名及参加情况，并且对将确认完的预计参加名单反馈给培训项目负责人，如确有工作冲突无法按时参加培训的学员，经商议调整培训班次或其他解决办法。

（四）讲师沟通

本次培训讲师为外聘讲师。为了做好培训物料准备和现场的支持工作，陈明接到任务后联系了讲师，与讲师就以下关键点做了沟通。

第一，为讲师介绍学员情况，如学员数量、学员年龄、学员性别、学员职务等。

第二，为讲师介绍场地情况，如场地大小、场地的培训设备情况、给学员准备的物料情况等。

第三，询问讲师除公司已准备的物料外，还有哪些要求，如讲师中需要使用的道具、礼品等。

第四，询问讲师课程期间有无互动设计，需要哪些支持工作，如计时提醒、发放材料、奖励积分记录等。

笔记处

第五，讲师出差的行程安排要求，如是否需要接送、是否需要预订酒店、有无特殊餐食要求等。

（五）场地预订及布置

本次培训将在公司内进行，陈明接到培训任务后，马上预定好了公司的培训教室，在开课前一天对培训场地做好了布置。场地一般包括如下工作：①座椅布置。结合场地及学员数量、分组互动的综合考量，本次培训采用鱼骨式方式摆放桌椅。②学员物品摆放。按配置给每位学员座位上摆放一套用品，包括桌签、白纸、签字笔、教材。③讲师物品摆放。包括白板架、白板笔、板擦、白板纸、磁贴、纸笔等。④环境布置。根据要求布置现场，包括横幅、易拉宝、签到台、茶歇台、培训助理台。⑤设备检查。测试培训设备是否正常，包括投影仪、麦克风、翻页器、照相机等。

桌椅布置方式除鱼骨式外，通常还有U形、讲座式、课堂式。为做好充分的准备，陈明事先罗列好现场物品布置清单，现场布置完毕后对照清单进行逐一检查，以防遗漏。

（六）培训物料准备

参照培训实施中需要用到的物品和公司库存情况，盘点需要预先准备的物品和数量（表5-3）。

表5-3　物料准备清单

分类	物料	数量	使用人	要求
培训场地	茶歇	30人	学员	鱼骨式桌子
	桌椅	30人	学员	预算内统一采买，开具发票
宣传物资	海报	1个	培训执行人	需要提前印刷，张贴于现场
	横幅	1个	培训执行人	需要提前印刷，张贴于现场
	展架	1个	培训执行人	需要提前印刷，张贴于现场
桌卡讲义	学员桌卡	30个	学员	需要提前印刷
	学员讲义	35册	学员	需要提前印刷
	A4白纸	60张	学员	每小组约10张A4纸
纸质文档	签到表	1张	学员	用于培训签到
	检查清单	1张	培训执行人	培训前打印清单，并确认所有物资

笔记处

分类	物料	数量	使用人	要求
电子文档	反馈表	0	学员	提前制作好线上问卷，课程结束时推送二维码到微信群里
文具用品	白板纸	2~3卷/场	讲师	板书（白板架）1卷
			学员	小组讨论、画图，每组20~30张
	白板架	每组1个	学员	尽量保证每小组1个白板架
	白板笔	红色、蓝色、黑色各1支	讲师	讲师红色、蓝色、黑色各1支
			学员	学员每组红色、蓝色、黑色各1支
	宽胶条	1卷	培训执行人	用于海报粘贴或培训支持使用
	剪刀	1~2个	学员	每组1~2个
	便利贴	15~20张/场	学员	用于海报粘贴或培训支持使用
	普通签字笔	每场3盒	学员	学员培训备用笔
培训设备支持	翻页器	1套	讲师	事先检查下是否可以正常使用，并准备好备用电池
	投影仪	1~2个	讲师	—
	无线话筒及电池	1~2个	讲师、学员	授课/发言（尽量保证2个话筒，确保话筒提前充电，并有备用电池）
	音箱	1套	讲师	用于连接电脑并播放视频和茶歇音乐
	照相机	1台	培训执行人	确保存储卡及电池正常使用
	摄像机	1台	培训执行人	协助讲师对现场进行全程录影

（七）开课前各项工作确认

开课前一天，陈明对培训工作的检查清单逐一核实，确保第二天的课程顺利进行。检查清单主要有出席名单确认，讲师出席确认，午餐预订，茶歇采购，场地布置，主持人、签到负责人、暖场负责人、讲师助手、设备故障负责人及餐饮负责人是否就位。

（八）到场确认

为统计学员是否按时到场参加培训，通常会有当场登记环节，可采用纸质版和扫描二维码方式进行签到，根据实际情况使用。

（九）开场主持

上午9点培训正式开始了，作为开场主持人，有半个小时的时间

笔记处

让学员了解课程安排并投入学习中，开场主持有如下三个环节：第一，组织暖场游戏：自我介绍完毕，为了活跃现场气氛，打破学员之间的陌生感，会通过"破冰"小游戏让学员互相认识；第二，介绍培训安排：告诉学员本次培训的目标、课程大纲、日程安排、讲师介绍；第三，说明上课要求：不离席、不早退、手机调成静音模式、积极提问、有事请假等。

（十）现场支持

根据讲师授课形式、方法不同，现场需要支持的工作也不同，一般包括：协助讲师计时提醒、分发材料、计分统计、餐食供应等，在培训前就需要清楚会有哪些现场支持工作，并指定具体工作人员负责，确保现场组织的有序性。

（十一）结束主持

当天课程结束后，作为结束主持人，向学员说明如下几个关键信息。

第一，学习奖励结果公布及礼品发放按照讲师制定的奖励规则，给予表现出色的学员相应的礼品作为学习奖励。

第二，毕业证书。给学员颁发结业证书。

第三，课后作业的布置。说明作业内容及完成时间要求、提交方式等。

第四，第二日培训日程安排。（如有）说明第二日的培训安排、参训要求。

第五，培训反馈问卷填写。收集要求学员填写培训效果评估表。

（十二）培训总结

为了帮助学员加深对本次培训的印象，让学员部门经理了解培训概况，陈明制作了培训总结邮件，并发送给学员及相关同事。培训总结内容要求包括四点。

第一，课程精华。提炼课程精华和要点，帮助学员温故知新。

第二，培训反馈。图表形式呈现培训问卷结果，公布学员对课程的满意度。

第三，精彩瞬间。学员颁奖、互动瞬间、集体合影的照片。

第四，课后作业。提醒课后作业完成时间。

同时，为帮助项目负责人了解该项目的整体执行情况，在完成所有班级学习任务之后，陈明制作了项目总结报告，对培训中的学习参

笔记处

与率、学员满意度、组织过程中的得失进行了总结回顾。

（十三）课后跟进

培训结束了，陈明的工作还没有全部结束，他需要按照讲师的要求，在完成时限前提醒学员按时提交作业，统计完成率。

任务三　培训效果评估

必备知识

一、培训效果评估的含义

培训效果评估就是针对特定的培训项目和培训实施过程，收集相应的素材，进行系统评价的过程，是修改和制订下一次培训计划的参考或依据。

二、培训效果的评估对象

（一）培训参与人员

培训参与人员是培训评估的主要部分，包括培训讲师、参训学员、培训组织者等。评估内容一般包括参与人员在培训实施过程中的表现及培训结束后的效果评估。

（二）培训本身的评估

培训本身的评估主要包括培训实施过程、培训课程设置等方面的评估。

三、培训效果评估的方法

培训效果评估的方法多种多样，具体有两大类型：一种是按照定量评估的方法，另一种是按照定性评估的方法。

（一）定量评估法

定量评估法的基础是有一定科学的数据统计，是将统计数据运用到统计方法或者数学模型中进行分析，从而对培训的效果进行评估的一种方法。定量评估的优点是利用科学和完整的数据进行分析，得出

笔记处

的结果较为科学、可靠，很少受到主观因素的影响。定量分析的缺点是数据的收集比较困难，导致成本比较高。

定量评估方法有很多种，如成本—收益分析法、边际分析法、机会成本法、加权要素分析法、问卷调查法等。

（二）定性评估法

定性评估法是在对实际情况的调查研究和了解的基础上，根据相关的经验和标准，做出培训效果评估的一种评估方法。此种方法是目前国内大多数企业经常采用的一种有效的评估方法。定性评估的优点是比较容易实施，综合性比较高，在评估中不需要太多数据。定性评估的缺点是评估者会根据自己的经验和标准进行评估，主观性比较强。定性评估法分为以下三种。

1.集体讨论法

此种方法是以开会讨论的形式进行的，将全体受训人员召集到一起进行讨论，在会议上要求每位学员针对在这次培训中学习到了什么、怎样将学到的知识应用到实际工作中，以及就是否需要继续培训等问题进行探讨，并做详细的记录。此种方法还可以以培训感言或培训总结的形式进行。这种方法不应在培训结束后马上进行，而应在培训出现成果的时候进行，这样得到的信息更加准确。

2.测试法

测试法主要采用考试的方法进行，但是不同于一般的考试，它主要采用相同难度的试题，在培训前、后分别进行测试，然后将两次测试成绩进行对比。如果培训后的成绩有了大幅度提升，说明培训有一定的效果，受训人员的技能和素质得到了提高。此种方法操作简单、成本较低，是企业采用较多的方法，但是它很难确定员工在实际工作中的应用情况。

3.观察评估法

观察评估法主要指通过对受训人员培训前后的工作表现和业绩进行对比来评估培训效果的一种评估方法。此种方法需要较多的实践，不适合大范围使用，多用在一些培训后对企业影响较大的项目上。在使用观察评估法时，还要注意记录培训人员的相关信息，以便进行对比。

笔记处

🔲 实践任务

一、任务描述

在培训组织实施过程中，为有效了解学员培训需求及培训后的效果，以便不断优化课程学习方式和学习内容，达到帮助学员掌握相关知识和技能的目的，通常会在培训前和培训后针对目标学员进行调研，分析调研结果，形成调研报告，并发送给培训部门。

二、任务场景

为提高团队管理能力，恒信股份有限公司培训部每年会针对经理人群开展经理管理训练营项目。陈明负责这场培训的组织实施，针对培训调研工作，他需要完成培训前学员需求调研及培训后培训效果调研。

三、任务实施

培训反馈调研主干流程如图5-4所示。

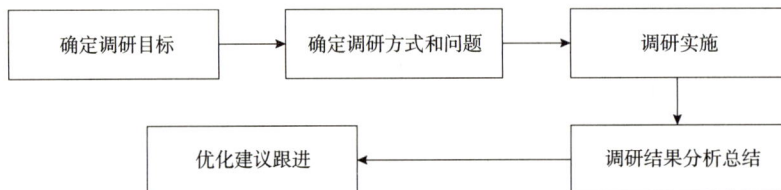

图5-4 培训反馈调研流程图

培训反馈调研主干流程的操作步骤及关键节点如下。

（一）确定调研目标

培训前的学员需求调研，目的是更好地了解学员对即将参加的培训主题的了解程度、掌握水平、感兴趣的内容、希望采用的学习方式、课程安排及培训组织的建议等，了解这些信息，可以帮助讲师和组织者更有针对性地实施本次培训。

培训后的培训效果调研，目的是了解学员通过学习是否掌握了相关知识及技能、对讲师及课程内容是否满意、对培训组织过程是否满意、其他建议等，了解这些信息，可以帮助讲师和组织者改进不足、优化支持，以更好地开展下次培训。

（二）确定调研方式和问题

调研方式有很多，常见的有实地观察法、访谈调查法、会议调查法、问卷调查法、专家调查法、抽样调查法、典型调查法、统计调查法、文献调查法等。培训前的学员需求调研，为了更深入了解学员的想法及需求，陈明采用了访谈调查法，他需要选择访谈目标人员，并预先制定好访谈提纲。

选择的访谈人员需要具备一定的代表性，可以从以下四个维度进行选择：①相关经验丰富者。②相关经验缺失者。③参加过同类培训者。④首次参加同类培训者。

访谈提纲可以分为简明式和剧本式两种，简明式提纲一般只提供与访谈主题或关注内容相关的大纲，比较简短；剧本式提纲会提供比较详细的问题。

培训后的培训效果调研，为了快速、全面地获得学员反馈，陈明采用了问卷调研法，他需要预先设计并制作好问卷内容，问卷设计时应符合如下原则：第一，问题先易后难，尽量设计选择性问题，而非开放性问题。第二，问题描述要简洁易懂，同类问题要求放在一起。第三，控制问题数量，不易太多，问题紧扣调查目的。

问卷可以采用纸质或者电子形式，电子文件更易于结果汇总，更被推荐使用。如果企业内有线上问题调研平台或同一采购的商业问卷平台账号，应优先使用此类资源；如果企业没有统一平台，可以个人注册问卷星等商业平台。

（三）调研实施

按照准备好的方式，陈明开始了调研工作。培训前的学员需求调研：陈明选择了5位学员进行电话访谈，并记录好访谈内容。

访谈调研开展的步骤大致如下。

（1）开场白。介绍访谈的背景和目的，说明本次访谈是无恶意、无威胁性的，以消除被访者的担忧。

（2）主题相关问题。可以简单了解与访谈目的相关的内容，目的是让学员快速进入访谈状态。

（3）核心问题。深访的主导内容，需要深入探讨。

笔记处

（4）补充型问题。在深访中，对主导内容做次要说明的问题。

（5）结束问题。

访谈过程中有如下注意事项：①事先跟访谈对象沟通好访谈时间、地点和访谈目的，可以提高访谈效果。②访谈过程中，多采用开放式问题提问，引导学员表达个人意见。③问题通俗易懂，学员可以回答，避免出现专业名词，无法避免且一定会出现时，需要加上说明和解释。④不要只按照访谈提纲的顺序进行提问，适时根据学员问题来调整访谈顺序。⑤不要批判学员的观点、想法和意见。⑥不要代替学员说话、抢先发表观点。⑦不要打断学员，尽量在学员描述完一件事情后，再进行提问，可以适当地记录学员的回答。如果学员在讨论与主题无关的内容，可以打断。⑧注意倾听和观察，并适时地做出回应。注意学员的表情、用词、语气、动作、停顿等（往往需要通过这些来判断学员的态度），适当通过肢体语言互动（如对视的目光交流、微笑、点头等），或者简答的语气词回应（如嗯、真的、是这样等）。⑨一次问一个问题，不要是一连串的问题。⑩适当追问，避免穷追猛打。追问问题或行为背后的原因和想法，与核心目的不相关的问题不要再追问。

培训后的培训效果调研：陈明在培训结束前将提前制作好的问卷二维码发给学员，学员扫码后在手机上完成填写，为鼓励学员对课程内容及组织过程提出更多建议和意见，可以采用采纳建议奖励的方式激励学员。

（四）调研结果分析总结

汇总问卷结果：陈明将选择性问题和开放性问题的答案分别整理，归纳总结并形成报告。

调研分析结果报告内容一般包括以下四点：第一，调研目的。写明调研目的和核心调研问题。第二，调研范围。目标采访人群、实际访问人群。第三，调研结果。针对每个调研问题逐题进行结果总结，总结应包括文字性的结论种数据图表性的分析。第四，优化改进建议。提炼员工提出的改进建议。

（五）优化建议跟进

针对员工提出的优化改进建议，和相关人员进行讨论后，陈明通过如下步骤持续跟进：首先，明确执行方。明确每条建议的具体反馈负责人。其次，明确反馈时间期限。跟每个反馈负责人沟通后，明确

笔记处

是否采纳优化建议，确定反馈时间期限。最后，优化结果反馈。负责人反馈优化结果。

💬 学习研讨

背景描述	基层管理人员的培训需求分析的重点是个人能力分析，从基层管理人员必备能力的角度评估其能力水平，从而分析其培训需求和培训的侧重点
研讨主题	完成基层管理人员的培训方案的设计。在完成项目具体任务的过程中，各小组成员通过交流合作、合理分工、互相讨论、互相启发，探索完成培训需求分析，在此基础上收集、整理、归纳、分析资料，设计基层管理人员的培训方案。掌握培训方案设计的程序步骤、方法和技巧
成果展示	每个团队以PPT等形式展示

💬 学习评价

内容组织	素养提升			评价结果
内容全面且组织有条理：选择企业进行调查，小组成员分工明确；访谈内容全面、访谈方法科学、访谈对象和访谈时间合理	语言通顺简洁、思路清晰、重点突出	熟练运用PPT、视频、动画等信息化技术手段	很好体现团队协作精神和信息处理能力	优秀□
内容比较全面且组织比较有条理：选择企业进行调查，小组成员分工较明确；访谈内容较全面、访谈方法较科学、访谈对象和访谈时间较合理	语言较通顺简洁、思路较清晰、重点突出	较熟练运用PPT、视频、动画等信息化技术手段	较好体现团队协作精神和信息处理能力	良好□
内容不全面且组织条理不清：选择企业进行调查，小组成员分工不够明确；访谈内容有欠缺、访谈方法不够科学、访谈对象和访谈时间不够合理	不能够很好组织语言、思路不清晰	不能熟练运用PPT、视频、动画等信息化技术手段	不能很好体现团队协作精神、信息提炼不准确	一般□

笔记处

💬 学习检测

（1）至少说出三种培训的方法。

（2）简述培训实施工作的主要流程。

学习检测

（3）简述培训需求分析的主要流程。

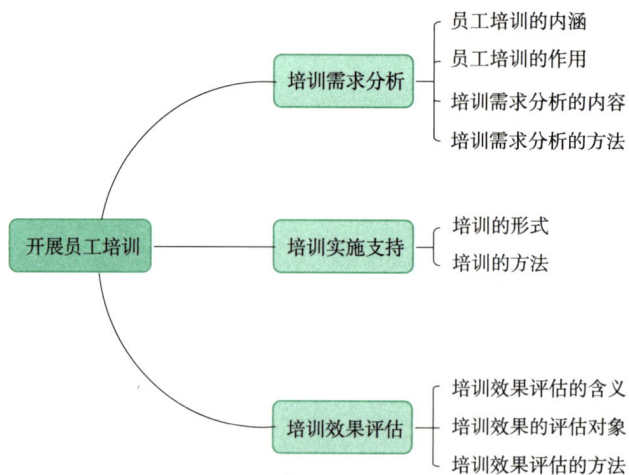 学习小结

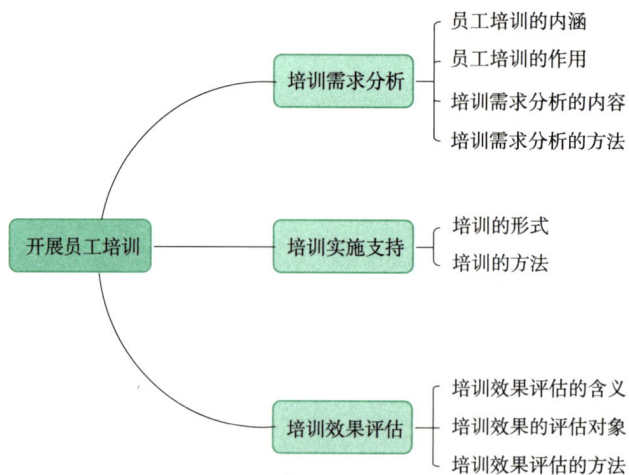

单元六　走进绩效管理

情景导入

公司财务部的李主管到人力资源部来交绩效考核表格，当陈明向李主管询问绩效考核的情况时，李主管抱怨现行的绩效考核方法令他非常头疼，尤其是该把谁评为A、B、C、D、E五个等级中的E等很难办，需要煞费苦心斟酌一番。午饭时间陈明在餐厅遇到了其他部门的员工，大家坐在一起吃饭聊天，说到公司的绩效考核制度时，不少员工也是一肚子气，因为无论工作多努力，部门必须有15%的员工被评为E等。陈明把目前员工对公司绩效考核制度的调查结果向人力资源部王主管进行了汇报，王主管也早已感到目前状况堪忧，就让陈明协助绩效主管重新制订一套新的绩效管理，改变目前绩效管理现状。面对如此艰巨的任务，他和主管该如何完成呢？

职业导向

要完成绩效管理体系的设计，必须在理解绩效、绩效考核与绩效管理内涵的基础上，熟练掌握绩效管理体系的构成、绩效管理流程中的实施要点，掌握常见的绩效管理的考核方法以及应用，熟悉绩效考核的内容，了解绩效考核的方法，并懂得如何进行绩效反馈面谈和绩效结果的应用。

学习目标

1.知识目标

理解绩效、绩效考核与绩效管理的内涵，熟练掌握绩效管理流程包括的阶段以及各阶段的实施要点，掌握常见的考核方法以及应用，熟悉绩效考核的内容与方法，掌握绩效反馈面谈的内容与流程。

笔记处

2.能力目标

能够根据企业及员工的特点制定考核标准、选定考核方法、编制员工考核办法，能够起草员工奖惩制度，能够编制及落实员工绩效改进计划；能够灵活运用绩效反馈面谈的技巧与方法，发现并解决绩效反馈面谈中的问题；能够根据不同的案例背景，提出绩效考核方面的意见或者建议。

3.素养目标

树立全局观念，培养团队合作精神，提高沟通、组织协调能力。

任务一 绩效管理的认知

必备知识

一、绩效的概念及内涵

随着知识经济的兴起，企业必将面临全球市场大环境的新一轮挑战，企业的竞争关键在于人才的竞争，管理者已经逐渐意识到绩效管理（Performance Management）对于组织的成功起着至关重要的作用。绩效管理作为企业人力资源管理中的重点和难点，既是人力资源管理过程中最重要的环节之一，也是组织强有力的管理手段之一。

（一）绩效的概念

"绩效"来源于西方，其字面意思是指成绩和效率。在牛津词典中的解释为"执行、履行、表现、成绩"。管理学大师彼得·德鲁克在《卓有成效的管理者》一书中认为，绩效是"直接成果"。对于绩效的观点综合起来主要有三种：①结果作为绩效的考核依据。②行为作为绩效考核的依据。③行为和结果综合一起作为绩效考核的依据。

我国学者林新奇则把"绩效"解释为产出和行为的结合体，它是指在集体或个人控制下，与既定的工作目标一系列的行为及其结果。本单元采用此观点。

（二）绩效的三个层次

绩效是组织期待的工作成果，一般可分为员工个人绩效、团队绩效和组织绩效三个层次。员工个人绩效是反映员工个人在工作中是否达到所规定的生产标准、是否按照规定的程序步骤进行生产运作、是否完成组织分配的工作任务。团队绩效则重点体现在团队的合作程度上。组织绩效的实现需要有较好的员工个人绩效和团队绩效，但是员工个人绩效和团队绩效的实现不一定就会使组织绩效实现。只有从上级到下级一层一层地将组织绩效分解到具体的岗位上，并逐一实现时，组织绩效才有可能实现。

组织绩效、团队绩效和员工个人绩效三者之间的关系如图6-1所示。员工个人绩效整合之后形成团队绩效，团队绩效再整合产生组织绩效，组织绩效带来组织的辉煌；组织辉煌之下辐射出团队成就，而团队成就再辐射出员工成功，员工成功必然表现为员工个人绩效。

绩效的概念是多维的，企业绩效只是其中的一个部分。学者们对于绩效的理解和认识随着绩效管理实践的发展而不断前进。综上所述，可以将企业的绩效理解为员工在生产经营过程中的行为表现和完成企业目标的成果。

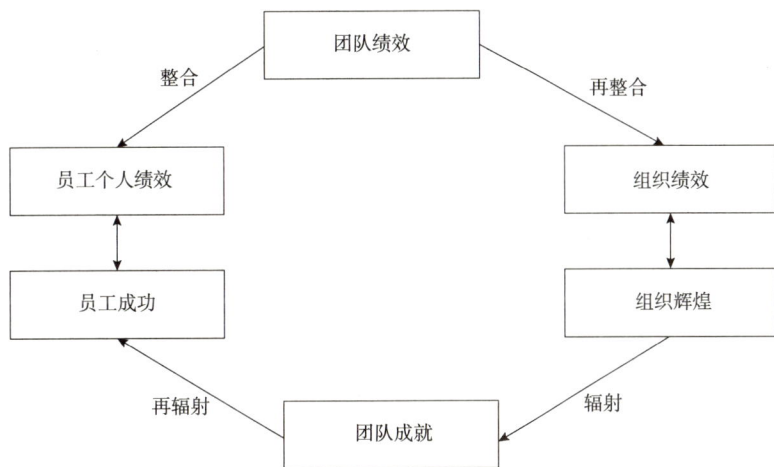

图6-1　绩效的三个层次关系图

（三）绩效的特点

绩效具有多因性、多维性和动态性的特点。

1.多因性

多因性指绩效的优劣不是取决于单一的因素，而是要受到主、客观多种因素的影响，即员工的激励、技能、环境与机会，其中前两者是员工自身的主观性影响因素，后两者则是客观性影响因素。

2.多维性

多维性指一个人绩效的优劣应从多个方面、多个角度去分析，才

笔记处

能取得比较合理的、客观的、易接受的结果。

3.动态性

动态性即一个人的绩效随着时间、职位情况的变化而变化。即员工的绩效随着时间的推移会发生变化，绩效差的可能改进转好，绩效好的也可能退步变差，因此管理者切不可凭一时印象，以僵化的观点看待员工的绩效。

二、绩效考核的内涵

绩效考核（Performance Appraisal，PA）指对工作行为的测量过程，即对照工作目标或绩效标准，采用科学的定性和定量的方法，评定员工的工作目标完成情况、员工的工作职责履行程度、员工的发展情况等，并将上述评定结果反馈给员工的过程。现代的绩效考核必须从企业核心竞争力出发，以提高企业的综合能力为目的，来实现企业和员工的利益共享和双赢。

对于绩效考核，从以往的观点来看，可以从以下三个角度来理解。

第一，绩效考核是从企业经营目标出发对员工工作进行考核，并使考核结果与其他人力资源管理职能相结合，推动企业经营目标的实现。

第二，绩效考核是人力资源管理系统的组成部分，它运用一套系统的和一贯的制度为依据的评价。

第三，绩效考核是对组织成员在日常工作中所表现的能力、态度和业绩，进行以事实为依据的评价。

归纳起来，绩效考核指考核者按照一定的程序、采用一定的方式方法，根据预先设定的考核指标和标准，对被考核者（个体或群体）的工作态度、工作行为、工作能力和工作结果进行测量、考核和评价的过程。

三、绩效管理的内涵

绩效管理指为实现组织发展战略和目标，采用科学的方法，通过对员工个人或群体的行为表现、劳动态度和工作业绩，以及综合素质

笔记处

的全面监测、考核、分析和评价，充分调动员工的积极性、主动性和创造性，不断改善员工和组织的行为，提高员工综合素质，挖掘其潜力的活动过程。

四、绩效考核与绩效管理的区别

绩效管理是人力资源管理的核心内容，而绩效考核只是绩效管理中的关键环节，但是企业在实际运用时却往往容易忽视绩效管理的系统过程。绩效管理是一个完整的管理过程，它侧重于信息沟通与绩效的提高，强调事先沟通与承诺，它伴随管理活动的全过程；绩效考核是管理过程中的局部环节和手段，侧重于判断和评估，强调事后的评价，而且仅在特定的时期内出现。

归纳起来，绩效管理与绩效考核的区别主要有以下六点。

（1）绩效管理是一个完整的系统，绩效考核只是这一系统中的一部分。

（2）绩效管理是一个过程，注重过程的管理，而绩效考核只是一个阶段性的总结。

（3）绩效管理具有前瞻性，能够帮助企业前瞻性地看待问题，有效规划企业和员工的未来发展。绩效考核则是回顾过去的一个阶段的成果，不具备前瞻性。

（4）绩效管理有完善的计划、监督和控制的手段和方法，而绩效考核只是提取绩效信息的一个手段。

（5）绩效管理注重能力的培养，而绩效考核则只注重成绩的大小。

（6）绩效管理能建立部门主管与员工之间的绩效合作伙伴的关系，绩效考核则使部门主管与员工站到了对立面上，距离越来越远。

无论是从基本的概念上，还是从具体的实际操作上，绩效管理与绩效考核之间都存在着较大的差异。但是，绩效管理与绩效考核又是一脉相承、密切相关的。绩效考核是绩效管理的一个不可或缺的组成部分。通过绩效考核，可以为企业绩效管理的改善提供资料，帮助企业不断提高绩效管理水平和有效性，使绩效管理真正帮助管理者改善管理水平，帮助员工提高绩效能力，帮助企业获得理想的绩效水平。

🔲 实践任务

一、任务描述

　　绩效管理是人力资源管理中难度最大的一项工作，绩效管理工作除了要设计一套科学、合理与可操作性强的考核指标体系，还需要加强对考核人员的培训，减少考核的误差，做好考核结果的沟通，以及减少因考核引发的矛盾。最关键的是要运用考核结果，将其与奖惩、薪酬、企业计划和战略挂钩，让绩效管理这一难度最大、耗时最长的工作，真正为企业发展做出贡献。

二、任务场景

　　恒信股份有限公司过去的绩效管理的重点停留在对员工的简单评价阶段，随着公司规模不断壮大，开始意识到绩效管理的着眼点是提高员工的绩效，实现公司与员工的共同成长。为此，该公司准备做出调整，在绩效管理过程中非常重视绩效计划制订、绩效辅导、绩效反馈以及管理者与员工之间的绩效沟通。绩效考核的科学实施仍然是不可放松的环节，该公司计划每年年初，员工要与管理者共同制定工作目标；到了年中，管理者要对工作目标进行评价，并对员工行为实时做出调整；同时，还要关注个人发展计划的实施情况，年终进行绩效评价。在整个绩效管理周期内，管理者要给员工持续的绩效反馈，以帮助员工顺利实现工作目标。于是，为了更好地设计科学的绩效管理流程，实现与员工共同成长，公司打算让陈明协助部门主管开展相关的工作，他该如何实施呢？

三、任务实施

　　陈明准备从以下几个环节入手，具体操作流程如图6-2所示。
　　绩效管理体系是员工绩效管理的一系列挫折方法和规范的集合，是一套完整的绩效管理工具和手段。从系统管理理论的角度分析，员工绩效管理体系是一个动态的控制系统，它由绩效计划、绩效实施、绩效考核和一级绩效反馈等环节构成。它的目的就是通过一系列的活

笔记处

动发现和解决影响员工绩效问题的因素，通过建立绩效标准、加强对绩效实施的管理、进行绩效考核和绩效反馈等活动的循环，不断提高员工绩效，进而提高组织绩效。

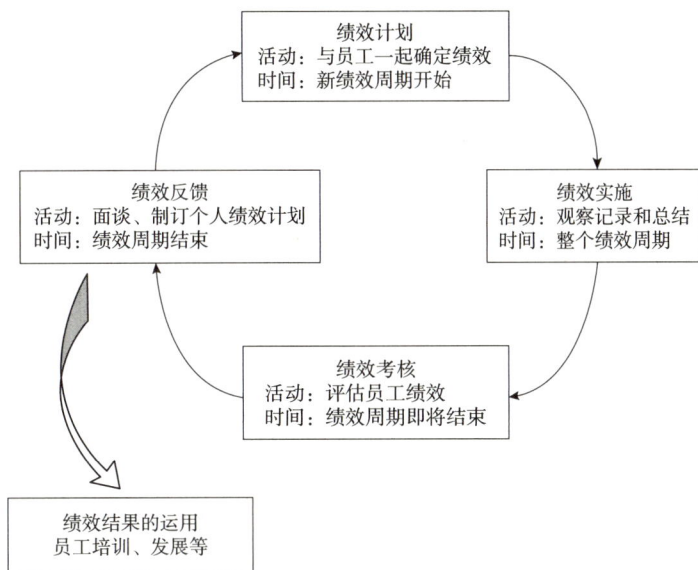

图6-2　绩效管理体系图

（一）绩效计划

绩效计划是员工绩效管理体系中的第一个环节，发生在新绩效期间的开始。绩效计划是一个通过上级与员工沟通，对员工的工作目标和标准达成一致意见，形成契约的过程。制订绩效计划的主要依据是职位说明书和绩效指标体系。绩效计划不仅意味着在纸上的契约，如何达成这个契约的过程更为重要。建立绩效契约的过程是一个双向沟通的过程。在绩效计划阶段，管理者和被管理者之间需要在对被管理者绩效的期望问题上达成共识。在共识的基础上，被管理者对自己的工作目标做出承诺。管理者和被管理者共同的投入和参与是实施员工绩效管理体系的基础。绩效计划阶段是绩效管理的起点和最重要的一个环节，公司依据整体战略目标、年度计划及部门和岗位的职责，通过指标和目标值层层分解的方式将公司的业绩压力层层传给员工。公司员工和直接上级共同制订绩效计划，并就考核指标、权重、考核方式及目标值等问题达成一致，使员工对自己的工作目标和标准做到心中有数。

笔记处

（二）绩效实施

在此环节中，管理者要对被评估者的工作进行指导和监督，对发现的问题及时予以解决，并对绩效计划进行调整。绩效计划能否落实和完成依赖于绩效实施与管理，绩效考核的依据也是来自绩效实施与管理的过程中。在制订绩效计划之后，绩效实施与管理的过程主要需要做两件事：一是持续的绩效沟通，二是对工作表现的记录。动态、持续的绩效沟通就是一个双方追踪进展情况、找到影响绩效的障碍以及得到使双方成功所需信息的过程。持续的绩效沟通能够保证主管和员工共同努力避免出现问题，及时处理出现的问题以及恰当调整工作计划和工作任务。它是绩效管理体系的灵魂和核心。在绩效实施与管理的过程中，要对被评估者的绩效表现做一些观察和记录，收集必要的信息。收集信息是为了提供绩效考核的事实依据、提供改进绩效的事实依据和发现绩效问题和优秀绩效的原因。绩效实施环节又称绩效辅导阶段，它是公司中层经理辅导员工以达成绩效目标的过程，中层经理帮助员工提高技能，纠正可能的偏差，并按需要修订目标。管理者与下属持续的沟通是达成绩效管理效果的核心，是整个公司绩效管理的核心。

（三）绩效考核

在绩效周期就要结束的时候，依据预先制订好的计划，主管人员应对下属的绩效目标完成情况进行考核。绩效考核的依据就是岗位说明书和在绩效期间开始时双方达成一致意见的绩效指标，同时在绩效实施和管理过程中，所收集到的能够说明被考核者绩效表现的数据和事实，可以作为判断被考核者是否达到绩效指标要求的依据。绩效考核是绩效管理中最为明显的环节，公司管理层需要与员工进行一对一面谈沟通，填写大量的考核表格或撰写评估报告。考核结果将与员工的薪酬、晋升、培训挂钩，并通过考核和评价的综合结果对员工进行发展指导。

（四）绩效反馈

完成绩效评价后，主管人员还需要与员工进行面对面的交谈。通过绩效反馈面谈，使员工了解主管对自己的期望、了解自己的绩效，认识自己有待改进的方面。同时，员工也可以提出自己在完成绩效目标中遇到的困难，请求主管的指导或帮助。在员工与主管双方对绩效评价结果和改进点达成共识后，主管和员工就需要确定下一轮绩效管理周期的绩效目标和改进，从而开始新一轮的绩效评价周期。

笔记处

☑ 任务二　绩效考核的内容与方法

📖 必备知识

一、绩效考核的内容

　　从我国企事业单位的绩效考核实践看，工作业绩的考核通常包含"德""能""勤""绩""体"五个方面。"德"指人的政治思想素质、品德、责任心、使命感与进取精神等。"德"是一个人的灵魂，是用以统帅"才"的。它决定着一个人的行为方向、行为强弱、行为方式。"能"主要指一个人拥有的业务知识、综合分析能力、学习能力、表达能力、组织与协调能力、创新能力、决策能力、人际协调能力、工作经验等。对于不同的工作岗位，其"能"的要求应有不同侧重。"勤"指勤奋敬业的精神，主要指一个人的工作积极性、创造性、主动性、纪律性和出勤率等。"绩"指员工承担岗位工作的成果，包括员工的任务完成度，工作质量、数量以及成本与效率等。"绩"是评估的重点。"体"指一个人的生理状况、心理素质、承受力和抗压性等。以往人们对"体"的要求与考察并不重视，但是随着市场竞争越来越激烈，良好的体质和心理素质成为员工取得良好绩效的保障。

　　从以上五个方面实施绩效考核，内容全面且具有概括性，但操作较复杂和困难，考核流于定性。现在中外很多企业的普遍做法是将以上五个方面的考核内容归纳为三个方面，以定量的工作绩效考评为主，辅以工作能力、工作态度的评估。工作绩效主要指任务绩效。对于管理人员来说，还包括周边绩效和管理绩效。任务绩效体现的是本职工作任务完成的结果，周边绩效体现的是对相关部门服务的结果，管理绩效体现的是对部门工作管理能力的结果。工作能力包括能力素质和专业技能。工作态度包括积极性、协作性、责任心、纪律性等。对一个企业而言，希望每一个员工的行为都有利于企业经营目标的实现，为企业做出贡献，这就需要对每个员工的业绩进行考评，并通过评估掌握员工的价值以及对企业贡献的大小。然而，企业不仅要追求现实的效率，希望现有岗位上的员工能充分发挥个人特长和能力，还要追求未来可能的效率，让能力强的人到更高一级或到更重要的岗位上去。因此，绩效考核不能单纯对工作业绩进行评估，还要评估员工在岗位工作过程

笔记处

中显示和发挥出来的能力。一般说来，能力越强，业绩可能越好。可是，在企业中常常见到这样一种现象：一个人能力很强，但出工不出力，而另一个人能力不强，却兢兢业业，干得很不错。两种不同的工作态度，就产生了两种截然不同的工作结果。这与能力无直接关系，主要与工作态度有关。所以，绩效考核不但要考察衡量员工的最终劳动成果，还应重视员工在劳动过程中的表现；不但要考察工作态度、行为和表现，还要研究考察员工的潜质。因为员工的工作业绩与工作态度、能力素质和心理品质有着极为密切的内在联系，工作业绩是员工的最终劳动成果，工作能力和态度是员工业绩变化的内因和根据。

二、绩效考核的方法

常见的绩效考核方法主要有以下几种。

（一）排序法

排序法是对员工绩效的好坏程度直接进行比较，确定员工绩效的相对等级和次序。排序有两种方法，一种是正向排序：按照员工绩效由优到劣从第一名排到最后一名；另一种是两两排序：按照员工绩效先排最好，再排最差，接着排次好，再排次差，以此类推进行排序。

（二）成对比较法

成对比较法也叫两两比较法，是对员工的绩效进行相互比较，确定赋分的标准，进行比较打分，将每次比较的分值按打分的顺序相加，对总分由高到低进行排序的方法。评分标准为：员工A如果比员工B优秀，给员工A记2分；员工A如果与员工B一样优秀，给员工A记1分；员工A如果没有员工B优秀，给员工A记0分；这种方法在应用时涉及的员工数目不宜过多。

（三）强制正态分布法

强制正态分布法是提前确定准备按照某种比例将评价者分别分布到每一个工作绩效等级上，如图6-3所示。

强制正态分布的优点是可以克服考评者过分宽容或过分严厉的结果，也可以克服所有员工不分优劣的平均主义。但是其缺点是如果员工的绩效水平事实上不遵从所设定的分布样式，那么按照考评者的设想对员工进行强制区别容易引起员工不满。一般而言，当被评价的员工人数比较多，而且评价者不止一人时，用强制分布可能比较有效。

笔记处

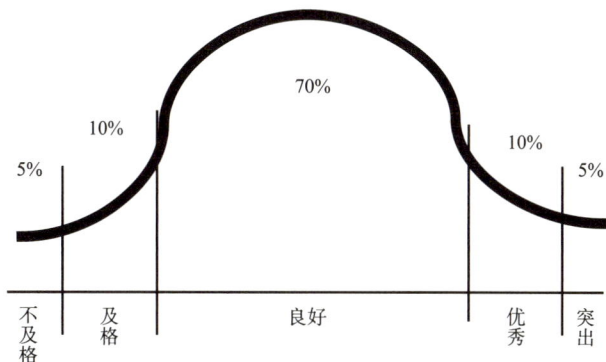

图6-3　强制正态分布法实例

（四）行为锚定法

行为锚定法是将描述性关键事件、评价法和量化等级评价法的优点结合起来，使绩效评价结果更公平。这种方法将每一种职务的各考评维度都设计出一个评分量表，并有一些典型的行为描述性说明词与量表上的一定刻度或评分标准相对应和联系，作为被评者实际表现评分时的参考依据。有了量表上的这些典型行为，考评者给分时便有了分寸感。不但使被考评者能较深刻而信服地了解自身的现状，还可找到具体的改进目标，具体见表6-1。

表6-1　行为锚定等级表

表现	等级
员工有意放慢工作或消极怠工	1
当工作负担过重，员工会借口生病，请假	2
在领导不在的情况下，员工可以自觉完成本职工作和额外工作	3
员工以较高的热情对待组织的工作，自觉地投入组织中的各项活动	4

建立行为锚定法通常要求按照以下五个步骤进行。

1.获取关键事件

要求对工作较为了解的人（通常是工作承担者及其主管人员）对一些代表优良绩效和劣等绩效的关键事件进行描述。

2.建立绩效评价等级

由这些人将关键事件合并为为数不多的几个绩效要素（如5个或10个），并对绩效要素的内容加以界定。

笔记处

3.对关键事件重新加以分配

由一组对工作比较了解的人对原始的关键事件进行重新排列。他们将会看到已经界定好的工作绩效要素以及所有的关键事件，他们需要做的就是，将所有关键事件分别放入他们自己认为最合适的绩效要素中去。通常情况是，如果就同一关键事件而言，第二组某一比例以上（通常是50%~80%）的人将其放入的绩效要素与第一组人将其放入的绩效要素是相同的，那么，这一关键事件的最后位置就可以确定了。

4.对关键事件进行评定

第二组人会被要求对关键事件中所有描述的行为进行评定（一般是 7 点或 9 点等级尺度评定法），以判断它们能否有效地代表某一工作绩效要素所要求的绩效水平。

5.建立最终的工作绩效评价体系

对于每一个工作绩效要素来说，都将会有一组关键事件（通常每组中有6~7个关键事件）作为其"行为锚"。

（五）目标管理法

目标管理法是根据企业发展战略目标确定相应的部门工作目标，将部门工作目标分解为员工的工作目标，再将员工的工作目标转化为绩效考核指标体系，即对员工和部门的绩效进行考核的方法。

目标管理法的操作步骤是：全公司方针拟定，经营方针表达，各事业部、科、室年度计划展开，各事业部、科、室年度管理目标拟定，各事业部、科、室年度管理目标商谈，管理目标的整合与确立，制定目标卡，实施和监控。

目标管理的四个步骤是计划（Plan）、实施（Do）、检查（Check）、再制定新的目标（Action），简称PDCA循环。

目标管理法的特点是：目标明确，员工具有高度的参与性，通过目标管理过程对员工具有鲜明的培养性，便于员工进行自我管理。在目标管理过程中，应该经常进行进度检查，直至达到目标。在达到阶段性目标后，已经完成既定任务的员工汇集在一起对工作成果进行评价，同时为下一阶段的工作制定目标。目标管理是一整套计划的控制系统，也是一套完整的管理哲学系统。在理论上只有每位员工获得成功，才可能有主管人员的成功、各个部门的成功和整个组织的成功。因此目标管理方法鼓励每一位员工的成功。但是目标管理的前提是个人、部门和组织的目标要协调一致。经验研究表明，这一方法有助于

笔记处

提高工作效率，而且能够使公司的管理层根据迅速变化的竞争环境对员工进行及时的引导。

（六）关键事件法

关键事件法是通过观察，记录下有关工作成败的"关键"性事实，依此对员工进行考核评价。下面以美国通用汽车公司运用这种方法的过程为例，具体说明"关键事件法"是如何使用的。

通用汽车公司首先成立了一个委员会，专门领导这项工作。该委员会根据公司的实际情况，制定了以下考核项目：如体质条件、身体协调性、与他人相处的能力、算术运算能力、了解和维护机械设备的情况、生产率、协作性、工作积极性、理解力等。然后，要求工厂的一线领班根据下列要求，对各自部下的最近工作行为的关键事实进行描述。①事实发生前的背景。②发生时的环境。③行为的有效或无效事实。④事实后果受员工个人控制的程度。例如，一位领班对他一个部下的工作"协作性"是这样记录的。有效行为：虽然今天没轮到约翰加班，但他还是主动留下加班到深夜，协助其他同事完成了一份计划书，使公司在第二天能顺利地与客户签订合同。无效行为：总经理今天来视察，为了表现自己，约翰当众指出了两位同事的错误，致使同事之间关系紧张。通用汽车公司采用了"关键事实记录法"之后，出现了令人吃惊的结果：员工的有效行为越来越多，公司的效益也直线上升。

（七）360度考评方法

360度考评方法是从多维度对员工的绩效进行界定，综合反映企业部门或员工的业绩。常用的考评维度有如下几类。

1.上级考评

被考核者的上级对其工作态度和技能水平最为了解，对被考核者的日常工作表现也有记录，所以上级考核是主要的考核形式，其权重占70%左右。

2.同级考评

同级之间的考核是同事相互考核，通过相互考核认定，便于同事之间进一步了解，明确自己与别人的差距，有利于引导员工向绩效优秀的同事学习，提升团队的整体业绩。同级之间的考评权重不宜过大，一般占10%左右。

3.下级考评

下级对上级的考评主要是对上级的管理风格和管理方法及个人魅

力的一种认定方法，通过对上级的考评，便于使被考核者明确自己工作中的不足，改进今后的管理工作。由于下级对上级工作的整体性并不能全面把握，所以这种考评所占权重为10%左右。

4. 自我考评

自我考评的目的在于使员工进行自我总结，分析自己的不足，正确看待自己。自我考评主观性较强，权重为10%左右。

对上述几个维度的考评结果，应根据企业的具体情况进行设计并实施。

（八）KPI

关键绩效指标（Key Performance Indicator，KPI）是通过对组织内部工作流程的关键参数进行分析、设置、衡量的一种绩效管理方法。首先，根据企业的发展战略目标，找出企业的业务重点，设定为企业的关键业绩指标；其次，将企业的关键业绩指标分解为部门的关键业绩指标；最后，进一步分解为职位的关键业绩指标。

KPI是衡量企业战略目标效果的关键指标，其目的是建立一种机制，将企业战略转化为内部过程和活动，以不断增强企业的核心竞争力和持续地取得高效益，使考核体系不仅成为激励约束手段，而且成为战略实施的工具。在设置关键业绩指标时依据的原则简称为SMART原则。具体的（Specific），设置关键业绩指标要具体、清晰。可衡量的（Measurable），考核指标是可以衡量的、能够量化的。可实现的（Attainable），考核指标不能过低也不能过高，是员工经过努力可以达到的。相关的（Relevant），各项考核指标是相互联系的，共同构成企业的经营管理目标。有时限的（Time-Bound），考核指标是具有详细时间要求的，如表6-2所示。

表6-2　某企业工程部的KPI

序号	指标项	计分规定	权重
1	工程开工和完工的及时性	按A、B、C、D标准记分	20%
2	施工现场巡检	按《工程管理办法》记分	20%
3	协调组织的及时性	延误1天，减记5分	20%
4	工程质量管理责任	出现管理责任事故，记0分	30%
5	本部门费用预算执行	预算内，记10分；预算超出，记0分	10%

笔记处

（九）平衡计分卡

平衡计分卡（Balanced Score Card，BSC）是由哈佛商学院罗伯特·S.卡普兰（Robert S. Kaplan）及戴维·P.诺顿（David P. Norton）共同创建的管理新哲学。平衡计分卡的原理是衡量过去的努力成果，以驱动未来绩效。对过去的努力成果是从外部和内部来量度的。外部的量度指股东和客户、财务及客户；内部的量度指企业流程管理、员工学习及成长。平衡计分卡实施的5个步骤是澄清并诠释愿景与战略、沟通与联络、规划与设定目标、策略的回馈与学习。

平衡计分卡的思路指导着企业的绩效管理工作，推动着企业提升整体绩效，进而促进企业迅速发展。表6-3是某企业根据平衡计分卡设计的绩效考核指标体系。

表6-3　基于平衡计分卡的绩效指标

驱动因素	驱动要素	滞后关键绩效指标	领先关键绩效指标
财务	规模 盈利能力 盈利增长 成本控制	1.销售收入 2.产值 3.利润额 4.人均产值	1.产值利润率 2.销售收入增长率 3.计划利润实现率 4.回款率
客户	客户满意 市场开发	1.客户满意度 2.市场占有率	1.新增客户数 2.客户投诉次数 3.部门满意度 4.合同履行率
内部管理	安全生产	1.人员安全 2.设备安全	事故发生率
	产品质量	1.客户对产品质量的满意度 2.参加行业评优情况	1.废品率 2.内部质量检查合格率
	生产周期	1.延期天数 2.延期率	生产计划完成率
	人员状况	1.员工满意度（用分数衡量） 2.关键岗位人员离职率	无
学习成长	管理水平 技术水平 人员素质	1.人才队伍建设 2.管理创新 3.技术提升	1.骨干员工平均受训时间（小时） 2.对下属的训练培养 3.中级以上职称比例

笔记处

一、任务描述

在人力资源管理与咨询实践中，普遍认为绩效管理的方案好做，困难在于实施。要想绩效管理能够实施并见到实效，需要从绩效管理体系本身和企业实际情况两个方面进行分析。首先，必须树立正确的绩效管理理念。绩效考核的最终目的是什么，很多企业对此都没有清楚的认识。其次，绩效管理是一个PDCA循环的过程，这几个环节一环扣一环，这就要求我们制订好绩效计划，平时工作中对员工进行辅导，考核结果出来之后，上下级要共同进行反馈面谈，找原因、找差距，进行绩效改进，推动员工素质的提高，从而实现企业目标，经过这样一个闭环绩效管理流程，企业的绩效水平才会得到提升。最后，绩效考核体系要做到健全合理。建立一套完善的绩效管理体系是问题的关键所在。

二、任务场景

要想做好绩效管理，必须清楚地知道考什么、如何考、何时考、谁来考，还要制定考评结果的运用以及培训、选拔、任用，职业的发展等配套制度。这就需要建立健全一套完整的绩效管理体系。不同的行业，不同的发展阶段，考核的目的、手段各不相同。不同的企业拥有不同的绩效管理指标体系，实施流程也有很大差异，但通常来说，企业必须重视为什么考、考什么、考谁、谁来考、如何考等方面。陈明负责这次公司员工绩效考核体系的编制工作，他该如何开展呢？

三、任务实施

员工绩效考核体系一般应包括以下几个基本要素：考核目的、考核对象、考核主体、考核指标、考核标准和考核办法。确定这些要素的过程其实就是设计考核系统的过程。陈明主要从以下几个流程开展工作，如图6-4所示。

笔记处

```
┌─────────────┐      ┌─────────────┐      ┌─────────────┐
│  绩效考核目的  │ ───→ │  绩效考核对象  │ ───→ │  绩效考核主体  │
└─────────────┘      └─────────────┘      └─────────────┘
                                                  │
                                                  ↓
┌─────────────┐      ┌─────────────┐      ┌─────────────┐
│  绩效考核方法  │ ←─── │  绩效考核标准  │ ←─── │  绩效考核指标  │
└─────────────┘      └─────────────┘      └─────────────┘
```

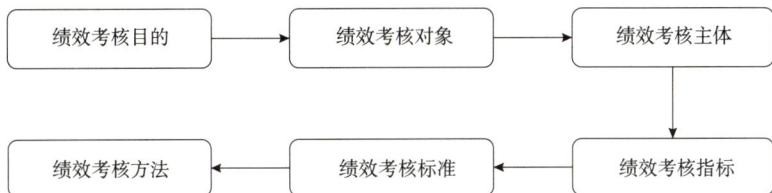

图6-4　编制绩效考核体系流程

（一）绩效考核目的

绩效考核的目的多种多样，可以为了应用于报酬分析、岗位调动、培训与发展员工，也可以出于其他目的，具体分析如表6-4所示。

表6-4　绩效考核目的

订立绩效目标的依据	考核使目标管理中的目标确定有据可依，帮助员工开展个人规划
评估过往，改善现时	对过去的绩效进行总结和评估，对象可以是员工个人、小组，也可以是整个组织，即反馈评估结果，帮助提高
为员工任用、调配、升降提供依据	一方面，通过考核能够了解员工的知识、技能掌握、个人素质，确保在任用上不会有错误产生。另一方面，考核也能够帮助企业了解一个员工的工作状况、工作态度、人际关系能力等，以便使员工得到合理的调配
评估培训需要、检验培训效果	考核之后，了解到员工的长处和不足，以此作为其培训的依据，同时在培训过后，考核能够帮助企业判断出培训方法和程序的有效程度
确定薪酬依据	一直以来，薪酬都是员工个人和企业关注的重点，而绩效考核通过对员工工作的考评，为企业确定员工个人的薪酬提供了很好的依据

（二）绩效考核对象

绩效考核体系的设计首先必须明确绩效考核的对象。绩效考核的对象可以是普通员工，也可以是不同层级的管理人员，还可以将企业的整体作为考核对象。而不同的考评对象，考核的内容、方法、程序等也各有不同。因此，明确考核对象，是绩效考核体系设计最基本的工作。

（三）绩效考核主体

在员工绩效评估过程中，对考核主体的基本要求有三个方面。第一，考核主体应该有足够长的时间和足够多的机会来观察员工的工作情况。第二，考核主体有能力将观察结果转化为有用的评价信息，并且能够最小化绩效考核系统可能出现的偏差。第三，考核主体有动力提供真实的员工业绩评估结果。

常见的考评主体主要有以下几种。

1.直接上级是最常见的评价者

直接上级考核模式的优点是直接上级对部下的工作非常了解，评价结果比较细致和准确，但其缺点是考核者和被考核者日常直接接触频繁，在考核过程中可能会掺杂个人感情色彩，影响考核结果的准确性。

2.同事评价

员工的同事可以观察到员工的直接上级无法观察到的某些方面。尤其是员工在从事一些像业务员之类的变动性较强且不与主管在同一个办公场所办公的工作时，就可以采用同事评价，来了解员工的工作业绩，当然也可以通过书面报告方式来了解。在采用工作团队形式的组织中，同事评价就显得尤为重要。当然，由于一个团队的员工彼此之间存在竞争关系，因此为了减少偏见，应该规定同事评价的工作内容。

3.自我评价

自我评价考核是最轻松的考核方式，不会使员工感到压力很大，能增强员工的参与意识，而且自我考核结果较具建设性，会使工作绩效得到改善。缺点是自我考核倾向于高估自己的绩效，因此只适用于协助员工自我改善绩效，在其他方面（如加薪、晋升等）不足以作为评判标准。

4.下属评价

越来越多的企业让下属人员以不署名的方式参与到企业对他们的主管人员进行的工作业绩评价过程中，这种过程通常被称为自下而上的反馈。这一评价过程可以使个别企业的高层管理者对企业的管理风格进行诊断，认识到企业中潜在的人事问题，在必要的时候，甚至会对某些管理人员采取强制行动。当然，如果评价的目的主要是进行管理人员技能开发，而不是为了进行实际的工作业绩评价，这种下属评价的做法可能更为有用。

5.客户评价

在某些情况下，客户可以为个人和企业提供重要的工作情况反馈信息。尽管客户评价的目的多数情况下不同于企业目标，然而客户评

笔记处

价为晋升、工作调动和培训等人事决策提供了必要的依据。

（四）绩效考核指标

绩效指标是指绩效的维度，也就是说，要从哪些方面考核员工的绩效。设置绩效指标时应当注意以下几个问题。

1.绩效指标应当实际

绩效指标应当反映员工的工作内容，这样才有助于发现他们工作中的不足和存在的问题，并有针对性地进行改善。在组织中，每个岗位的工作内容都不一样，因此他们的绩效指标也应不同。

2.绩效指标应当有效

绩效指标应当涵盖员工大部分工作内容，这样才能准确地评价员工的实际绩效。它包含两方面含义：一是指重要绩效指标不能有缺失，员工的大部分工作内容都应该包括在绩效指标中；二是指绩效指标不能有溢出，职责范围以外的工作内容不应包括在绩效指标中。

3.绩效指标应当具体

绩效指标应具体、明确。例如，在考核营销人员的工作业绩时，"销售业绩"就是一个不具体的指标，因为销售业绩涉及很多方面的内容，如果使用这一指标进行考核，考核主体就无从下手，应当将它分解成几个更具体的指标，如"市场铺货率""消费者满意度"和"回款率"等，这样考核就更有针对性。

4.绩效指标应当明确

当指标有多种不同理解时，应当清晰地界定其含义。例如，对于"工作质量达标率"这一指标，就有两种不同的理解，一是指质量合格的工程在已经完工的工程中所占的比率，二是指质量合格的工程在应该完工的工程中所占的比率。这两种理解就有很大的差别，因此应当指明到底按照哪种含义来进行考核。

5.绩效指标应当具有差异性

差异性包括两个层面的含义：一是指对于同一员工来说，各个指标在总体绩效中所占的比重应当有所差异，因为不同的指标对员工绩效的贡献不同，例如，对于公关部经理来说，公关能力相对比计划能力更重要。这种差异性是通过各个指标的权重来体现的。二是指对于不同的岗位来说，绩效指标应当有差异，因为每个岗位的工作内容是不同的，如销售经理的绩效指标就应当和生产经理的不完全一样。此外，即使有些指标一样，权重也应当不一样，因为每个职位的工作重

笔记处

点不同。例如，计划能力对企业策划部经理的重要性就比对财务部经理的要大。

6.绩效指标应当具有变动性

变动性包括两个层次的含义：一是指在不同的绩效周期，绩效指标应当随着工作任务的变化而有所变化，例如，企业在下个月没有招聘计划，但是有培训计划，那么人力资源经理下个月的业绩指标中就不应当设置有关招聘的指标，而应当增加有关培训的指标。二是指在不同的绩效周期，各个指标的权重也应当根据工作重点的不同而有所区别。

（五）绩效考核标准

绩效标准指在各个绩效指标上分别应该达到什么样的水平，可分为基本标准和卓越标准两种，也就是考核评判要求的上限与下限（加分项/减分项）。例如，客服部门主管关于投诉的考核评判标准：加分项"当月无投诉+2分"，减分项"发现一次投诉−0.5分"。

确定绩效标准时，应当注意以下三个问题。第一，绩效标准应当明确。如"销售额为50万元""投诉的人数不超过5人次"等。第二，绩效标准应当适度。要具有一定的难度，但是员工经过努力是可以实现的。第三，绩效标准应当可变。

（六）绩效考核方法

绩效考核方法直接影响评估结果的正确性。企业应该根据自身实际选择适合的绩效考核方法。具体方法见"必备知识"。

☑ 任务三　绩效反馈面谈

📖 必备知识

一、绩效反馈面谈的内涵

绩效反馈与面谈是绩效管理过程中的一个重要环节，主要指管理者与被管理者就考核期内的绩效情况进行面对面的沟通，并对员工的绩效表现进行打分，让员工对自己表现好的方面和不好的方面都有一个全面的、客观的认识，以便在下一个考核周期绩效做得更好，达到改善绩效的目的。

笔记处

二、绩效反馈面谈的作用

第一，有效的反馈面谈可以使员工真正认识到自己的潜能，从而知道如何发展自我；第二，反馈面谈可以使员工相信绩效考核是公平、公正和客观的，否则员工就有可能怀疑绩效考核的真实性；第三，通过反馈面谈，双方就工作中出现的某些问题和员工的发展需求探讨改进措施，并共同制订工作绩效提升计划；第四，绩效反馈面谈另一个很重要的原因是可以促使绩效考评者认真对待考核工作，而不是仅凭个人好恶来进行考核，否则他将面临个人职业生涯中断的风险。

三、绩效反馈面谈的方法

绩效反馈面谈是一项管理技能，有可以遵循的技巧，掌握得好可以帮助管理者控制面谈的局面，推动面谈朝积极的方向发展。常用的绩效反馈面谈的两种方法有BEST法和汉堡法。

（一）BEST法

所谓BEST反馈，是指按照以下步骤进行绩效面谈。

第一，描述行为（Behavior Description），第二，表达后果（Express Consequence），第三，征求意见（Solicit Input），第四，着眼未来（Talk about Positive Outcomes ）。

【案例】某公司市场部的小周经常在制作标书时犯一个错误，这时候，主管就可以用BEST法则对他的绩效进行反馈。

B：小周，8月6日，你制作的标书，报价又出现了错误，单价和总价不对应，这已经是你第二次在这方面出错了。

E：你的工作失误，使销售员的工作非常被动，给客户留下了很不好的印象，这可能会影响到我们的中标及后面的客户关系。

S：小周，你怎么看待这个问题？准备采取什么措施改进？

小周：我准备……

T：很好，我同意你的改进意见，希望在以后的时间里，你能做到你说的那些措施。

笔记处

BEST法则又称"刹车"原理，指在管理者指出问题所在，并描述了问题所带来的后果之后，在征询员工的想法的时候，管理者不要打断员工，适时地"刹车"，然后，以聆听者的姿态，听取员工的想法，让员工充分发表自己的见解，发挥员工的积极性，鼓励员工自己寻求解决办法。最后，管理者做点评总结即可。

（二）汉堡法

汉堡原理（Hamburger Approach）指在进行绩效面谈的时候按照以下步骤进行。

首先，表扬特定的成就，给予真心的鼓励；其次，提出需要改进的"特定"的行为表现；最后，以肯定和支持结束。

【案例】小王，上一绩效周期内，你在培训计划编制、培训工作组织、培训档案管理工作环节做得不错，不但按照考核标准完成了工作，而且做了不少创新，提出了很多意见和建议，这些建议对我们公司的培训管理具有很大的帮助，这些成绩希望你以后要继续发扬。另外，我发现了你在工作中有一些需要改进的地方，比如很多培训没有做效果评估，有的培训做了评估，但都停留在表面，这样就容易使培训流于形式，不利于员工素质的提升，我想听听你对这个问题的看法。最后让员工说出自己的观点，主管领导以肯定和支持结束这次谈话。比如：嗯，不错，我同意你对这个问题的想法，那么我们把它列入你的改进计划吧！

汉堡原理的作用在于提醒管理者，绩效面谈的作用在于帮助员工改善绩效，而不是抓住员工的错误和不足不放，因此，表扬优点，指出不足，然后肯定和鼓励，才是最佳的面谈路线。

🚌 实践任务

一、任务描述

部门主管对员工的绩效情况进行考核以后，必须与员工进行面谈沟通。这个环节是非常重要的，可能是绩效考核中最需要技巧与艺术的地方，也是绩效考核中最难的地方之一。绩效考核的目的是不断提升员工和组织的绩效水平，提高员工的技能水平。这一目的是否能够

笔记处

实现，最后阶段的绩效面谈和反馈起到很大的作用。

二、任务场景

陈明在这次绩效反馈面谈中负责协助部门主管进行相关资料的收集和准备工作，以及设计绩效反馈面谈的流程，以确保这次面谈顺利进行。

三、任务实施

陈明准备从以下几个环节进行准备。具体如图6-5所示。

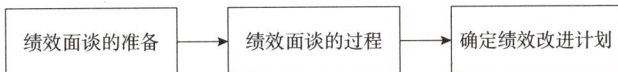

绩效面谈的准备 → 绩效面谈的过程 → 确定绩效改进计划

图6-5 绩效反馈面谈的步骤

（一）绩效面谈的准备

要保证绩效面谈的效果，部门主管和员工必须有充分的准备。部门主管首先要明确面谈需要达到的目标。目的是就考核达成一致，而不是训斥；认识下属在工作中的缺点，肯定优点，拟定出某些缺点的改进计划和下期工作要项和绩效标准。主管的其他准备工作主要集中在两个方面：一是时间、地点的准备和安排，二是相关材料和分析的准备。被考核者的准备一般包括收集考核相关资料、做好自我评估工作、把面谈的内容准备好。

选择什么时间对于绩效面谈非常重要，一般应选择双方都有空闲的时间，时间要充足但不宜过长，一般45分钟左右，避免在该时间段内，由于其他安排而使面谈难以集中双方的注意力。另外，尽量不要安排在上班、下班时间，因为在这段时间，双方往往难以集中精力进入状态。在确定面谈时间时，主管应提前征询员工的意见，这一方面是对员工的尊重，另一方面也便于员工安排好手头的工作。

面谈时应尽量选择不受干扰的场所，最好是封闭、安静、舒适的会议室，一般不要在开放的办公区进行关于考核的反馈交谈，开放的场所可能使双方谈话有一定的顾虑，不利于交流和沟通。绩效面谈

笔记处

前，主管最重要的准备工作应当是相关数据的收集和分析，也就是要求主管在同员工进行绩效面谈前一定要进行绩效诊断。在与员工面谈的时候，要求主管不能仅仅告诉员工一个考核结果，更重要的是告诉员工为什么产生这样的绩效，应该如何避免出现低的绩效。相关数据和资料的准备一般包括：回顾近期的绩效管理讨论会、汇报会、辅导会和相关数据库上的记录，查看季度初每个员工设定的绩效目标，收集可以证明员工达成目标的表现记录和案例，如果员工没有达到所设定的绩效目标，找出原因，并提出自己帮助员工改进的办法。

（二）绩效面谈的过程

1.考核面谈程序

在进行绩效反馈面谈时，可参考如下程序：面谈时下属首先进行工作的自我评价，主管对下属进行绩效评价。主管向下属说明，基于观察、数据、记录等对下属的评价，并举例说明，向下属反馈评价结果。如果主管对下属的评价没有得到下属的认同，双方要逐一讨论共同点和不同点，以求达成共识。如果不能达成一致意见，约定下次沟通的时间；说明反馈结果不是绩效沟通的主要原因，目的是帮助主管认识到今后向下属提供哪些工作上的帮助，以提高下属的绩效。如果能达成一致意见，则共同制定下一考核期的工作目标。

2.考核面谈过程控制

一次成功的面谈首先应当有一个融洽的沟通氛围，因此主管应当在氛围的营造上投入一定的精力。营造良好的沟通氛围首先应建立并维护彼此的信赖关系。在绩效沟通时，由于必须对下属的绩效进行明确的评价，就会将管理者与员工平时隐性的监督与被监督的关系显性化，所以事实上没有几个管理者真正喜欢绩效反馈面谈工作。面对绩效反馈面谈，他们也同样会有畏难情绪、紧张不安。而员工带着不同的心态来面谈，也是比较紧张的。因此，建立彼此的信赖关系是绩效沟通面谈成功的首要前提。清楚地说明面谈的目的和作用，对于沟通氛围的营造也会起到非常重要的作用。因此，主管应当在开始的时候花一点时间讲清楚面谈的目的和具体议程，这样有助于消除双方的紧张情绪，同时，便于双方控制面谈的进程。

在面谈过程中，作为管理者一定要注意平衡讲与问。高效率的交流者懂得审时度势地调节自己讲与问的平衡。要能够充分调动对方参与讨论的积极性，赢得他们的合作。注意倾听被考核者的个人意见，让被考

笔记处

核者感到自己也享有一定的权利和主动。通过倾听被考核者的意见，有利于考核者全面了解情况，印证自己的判断，把握交流的基调。问得多、讲得少，有利于为面谈营造一个积极的氛围。主管通过提问的方式向对方表明了自己对下属回答的兴趣，让下属感觉到你理解他们的观点，尊重他们的想法和意见。如果主管讲得过多、问得少，会制造一个消极的氛围，使被考核者感到自己被控制，感觉到不平等的关系。

3.考核面谈中应注意的情况

沟通时肯定成绩少，指出不足及应改进处多，对员工激励不够。主管应当有意识花一些时间来讨论被考核者绩效好的方面，而不是只说一两句表扬激励的话。平常对绩效差的方面的要求要比表现好的方面的要求苛刻得多，对于员工来讲，花时间来讨论成功之处比一两句表扬激励的话更有激励作用，它可以帮助员工保持高绩效，改进低绩效。

单向沟通多，员工正式表达意见机会少，主管不对员工感受负责。沟通时一定要调动起员工的积极性，与员工共同分析问题产生的原因，通过讨论帮助员工认识问题的根源，这个过程非常重要，对于员工的技能提高有很大帮助。

沟通时说服员工接受考核多，真正解决问题少。沟通的目的不是说服员工接受考核结果，而是双方共同寻找问题产生的原因，寻找解决办法。

对抗与冲突的出现。在面谈过程中，主管应当注意控制面谈的议题和内容，要果断终止无结果的辩论，避免冲突和对抗的出现。

缺乏面谈技巧，影响面谈效果。要对主管进行面谈培训，是指运用一定的面谈技巧，例如，讨论要尽量用描述性的语言，而不是判断性的语言；应采用支持性的态度，而不是权威性的态度；谈话要反映出平等，而不是优越；接受他人的建议，而不是独断专行等。

（三）确定绩效改进计划

双方就考核结果达成一致，并签字确认后，就被考核者的工作弱项或升迁等人事调整进行讨论，提出相应改进计划。改进计划是要以具体的行动来改进下属的工作，包括做什么、谁来做和何时做等。改进计划要求具有实际性、时间性、具体性的特征。面谈的一个重要内容就是确定下阶段改进重点和改进计划。在绩效面谈中，双方在讨论绩效产生的原因时，对于达成的共识应当及时记录下来，那么这些问题可能就是员工在下一期工作中需要重点关注和提高的地方。实际上，双方在面谈过程，也对下一阶段绩效重点和目标进行了计划，这就使整个绩效管理的过程形成一个不断提高的循环。面谈结束后，双方要将达成共识的结论性意见或经双方确认的关键事件或数据，及时予以记录、整理，填写在考核表中。对于达成共识的下一期绩效目标也要进行整理，形成下一期的考核指标和考核标准。

考核结果应得到及时反馈和合理运用，员工对该反馈能够充分理解，员工接受该反馈，该反馈对员工的行为改进有所帮助，考核反馈的结果可以运用于利益分配、职位管理以及员工培养等方面，必须与这些激励机制挂钩才能真正体现其价值。

📖 学习研讨

背景描述	调查一家企业，了解该企业的基本情况，尝试了解其员工绩效考核方案；让学生讨论、分析所调查企业员工绩效考核方案存在的问题；根据收集的资料和情况，让学生为所调查企业编制员工绩效考核体系
研讨主题	完成员工绩效考核体系的编制。在完成项目具体任务的过程中，各小组成员通过充分的交流合作、合理分工、互相讨论、互相启发，探索完成员工绩效考核体系设计，掌握绩效考核体系的编制程序、方法和技巧
成果展示	每个团队以PPT等形式展示

📖 学习评价

内容组织	素养提升			评价结果
内容全面且组织有条理：选择企业进行调查，小组成员分工明确；访谈内容全面、访谈方法科学、访谈对象和访谈时间合理	语言通顺简洁、思路清晰、重点突出	熟练运用PPT、视频、动画等信息化技术手段	很好体现团队协作精神和信息处理能力	优秀□
内容比较全面且组织比较有条理：选择企业进行调查，小组成员分工较明确；访谈内容较全面、访谈方法较科学、访谈对象和访谈时间较合理	语言较通顺简洁、思路较清晰、重点突出	较熟练运用PPT、视频、动画等信息化技术手段	较好体现团队协作精神和信息处理能力	良好□
内容不全面且组织条理不清：选择企业进行调查，小组成员分工不够明确；访谈内容有欠缺、访谈方法不够科学、访谈对象和访谈时间不够合理	不能够很好组织语言、思路不清晰	不能熟练运用视频、动画等信息化技术手段	不能很好体现团队协作精神、信息提炼不准确	一般□

笔记处

💬 学习检测

（1）绩效考核与绩效管理的区别和联系是什么？

（2）绩效管理的基本流程是什么？

（3）平衡计分卡的特点是什么？

（4）分别列出各个考核方法的优缺点。

💬 学习小结

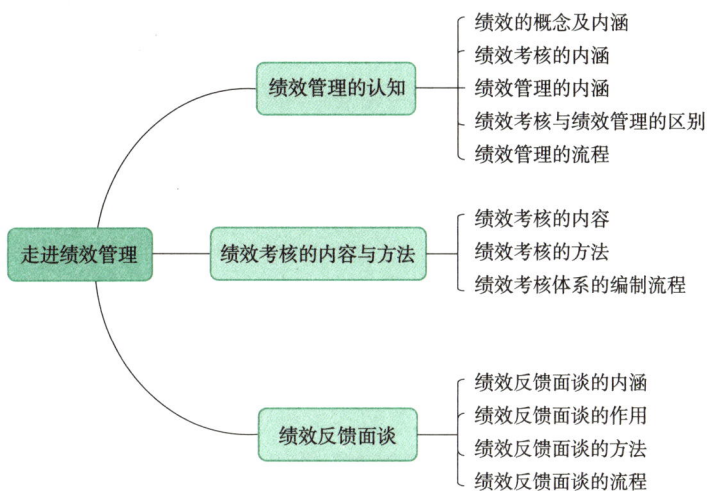

走进绩效管理
- 绩效管理的认知
  - 绩效的概念及内涵
  - 绩效考核的内涵
  - 绩效管理的内涵
  - 绩效考核与绩效管理的区别
  - 绩效管理的流程
- 绩效考核的内容与方法
  - 绩效考核的内容
  - 绩效考核的方法
  - 绩效考核体系的编制流程
- 绩效反馈面谈
  - 绩效反馈面谈的内涵
  - 绩效反馈面谈的作用
  - 绩效反馈面谈的方法
  - 绩效反馈面谈的流程

单元七　体验薪酬福利管理

📮 情景导入 ✈

受全球经济形势的影响，恒信股份有限公司的业绩连续下滑，经营遇到困难。公司决定重设薪酬福利制度，在不影响员工流失的前提下，适当调整和目前经营状况不相符的项目，以降低人工成本。这对陈明来说，又是一个新的挑战。在请教其他专业人士和翻阅大量材料的基础上，他认为先从理解薪酬福利管理的基本知识开始，在日常的薪税服务工作的基础上考虑适合企业的整体薪酬体系的设计。

📮 职业导向 ✈

要做好薪酬福利管理工作，首先，要理解薪酬福利的构成、特点及影响薪酬水平的因素，还要清楚日常薪税管理的内容、流程；其次，进行薪酬体系设计，包括工作岗位评价、薪酬调查、薪酬结构设计、薪酬制度的制定等；最后，不能忽视奖金津贴福利的设计管理，要了解弹性福利计划及福利设计管理的主要思路等内容。

📮 学习目标 ✈

1. 知识目标

理解薪酬的内涵与实质，了解薪酬管理的基本原则，掌握薪酬管理的内容、各种工作岗位评价方法的优缺点及适用范围、薪酬调查、薪酬设计和福利管理的主要内容，熟悉薪酬管理相关法规。

2. 技能目标

具备分析和解决薪酬管理问题的能力。具备应用薪酬相关法律法规的能力。具备运用所掌握的薪酬设计知识分析企业薪酬制度中可以借鉴的地方与存在的不足，进行简单的薪酬体系设计的能力。具备进行各类保险金、住房公积金核算的能力。

笔记处

3.素养目录

培养细心踏实的品格，培养团队协作意识、全局意识，具有强烈的责任感和事业心，培养较强的沟通和协调能力。

任务一　提供日常薪税服务

必备知识

一、基本概念

（一）薪酬

薪酬（Compensation）是员工为所在组织提供劳动或劳务而获得的货币或非货币的报酬。其表现形式有精神的与物质的、有形的与无形的、货币的与非货币的、内在的与外在的等。

薪酬有狭义和广义之分。狭义的薪酬指员工获得的以工资、奖金和实物形式支付的经济性报酬。广义的薪酬指组织对员工所做出的贡献，包括其绩效、付出的努力、时间、学识、技能、经验与创造等所付给的相应报酬或答谢。即除了工资、奖金及实物外，还包括参与决策、更大的责任和权力、工作的丰富化、个人成长机会等。虽然后者看不见、摸不着，但如果运用得当，会对员工产生较大的激励作用，因此不容忽视。

薪酬是员工在向组织让渡其劳动或劳务使用权后获得的报偿，其实质是一种公平的交易或交换关系，服从于市场的交易或交换规律。如果组织不满意，则员工可能被解雇；如果员工不满意，则可能会跳槽，组织将失去人力资源。但是，如果员工对这种交换满意，那么他们会有较高的工作积极主动性，为组织创造更多的效益。因此薪酬具有吸引人才、留住人才和激励人才的重要作用。

（二）工资率

工资率指单位时间内支付的工资数额。按计薪周期可分为小时工资率、日工资率、周工资率、月工资率和年工资率。一般情况下，全日制从业者按月计薪，高管按年计薪，非全日制从业者按小时或日计薪。

笔记处

（三）工资单

工资单也称工资条，不同公司格式不同，但一般包括工号、员工姓名、基本工资、职务工资、福利、应发工资、实发工资、养老保险、医疗保险、工伤保险、失业保险、住房公积金及个税等项目，通过工资单可较全面地反映员工每月工资情况。

（四）社会保险

社会保险指由用人单位及其职工依法参加社会保险并缴纳的职工基本养老保险、职工基本医疗保险、工伤保险、失业保险和生育保险。社会保险经办机构负责社会保险缴费申报、核定等工作，对负责征收的社会保险费，实行统一征收。

职工个人月应缴额＝职工缴存基数×职工社会保险缴存比例

公式中，应缴额计算到分，分以下四舍五入。社保缴费基数每年核定调整一次，调整依据为职工本人上年月平均工资，并参考当地发布的年度社会保险缴费基数上下限最终确定。具体缴费比例根据当地人力资源和社会保障局发布的缴费比例执行。

（五）住房公积金

住房公积金指国家机关、国有企业、城镇集体企业、外商投资企业、城镇私营企业及其他城镇企业、事业单位、民办非企业单位、社会团体（以下统称单位）及其在职职工缴存的长期住房储金。单位应当向住房公积金管理中心办理住房公积金缴存登记，并为本单位职工办理住房公积金账户设立手续。每个职工只能有一个住房公积金账户。

职工个人月应缴额＝职工缴存基数×职工住房公积金缴存比例

公式中，应缴额计算到元，元以下四舍五入。住房公积金缴费基数每年核定调整一次，调整依据为职工本人上年月平均工资，并参考当地发布的年度缴费基数上下限最终确定。住房公积金的缴存比例，可以在国家规定的最低缴存比例基础上浮动确定。每年住房公积金的缴存比例和月缴存最高限额，由市住房公积金管委会拟订，报市人民政府批准后执行，并向社会公布。

（六）个人所得税

个人所得税通常是指以自然人个人所取得的法定的各项应纳税所得为征税对象的一种所得税。

《中华人民共和国个人所得税法》中明确规定，工资、薪金所

笔记处

得，劳务报酬所得，特许权使用费所得等个人所得，应当缴纳个人所得税。所得人为缴纳义务人，支付所得的单位为扣缴义务人。根据其第六条规定，居民的个人综合所得中可以免税的部分包括每年的六万元免征额、专项扣除（员工个人缴纳的社会保险和住房公积金部分）和专项附加扣除（子女教育、继续教育、大病医疗、住房贷款利息或者住房租金、赡养老人等支出），以及依法确定的其他扣除。

二、薪酬的构成

薪酬的构成没有固定统一的模式和组合比例，但一般包括基本薪酬（基本工资、工龄工资、职位工资和职能工资中的一种或几种）、可变薪酬（绩效薪酬、激励薪酬，有长短期之分）、间接薪酬（福利和服务）。

三、薪酬支付的常见形式

（一）基本工资

基本工资是雇主为员工最基本的劳动支付的薪酬。

（二）工龄工资

工龄工资是雇主对员工工作经验和劳动贡献的积累所给予的补偿，随员工工作年限（工龄）的增长，结合考勤、考绩逐年递增金额，按月发给的工资。

（三）岗位工资、技能工资

岗位工资一般按照岗位价值测评结果确定的岗位等级差异确定不同的岗位工资标准。岗位价值越高，岗位工资越高。

技能工资一般按照员工的技能水平的评定等级差异确定不同的技术工资标准，适用于操作技能类岗位上工作的员工群体。技能水平越高，一般技能工资越高。

（四）绩效工资

绩效工资是对员工周期性的工作行为表现和劳动成果的认可，往往随着员工的绩效考核成绩的变化而变化。根据周期不同一般分为月度、季度、年度绩效工资。

笔记处

（五）津贴、补贴、补助

津贴和补贴指为了补偿职工特殊或额外的劳动消耗和因其他特殊原因支付给职工的津贴，以及为了保证职工工资水平不受物价影响支付给职工的物价补贴。

津贴是为补偿职工在特殊劳动条件和艰苦环境下付出的额外和特殊的劳动消耗而支付给职工的报酬，如高温津贴、地区津贴、科研津贴等。

补贴是为保证职工实际生活水平不下降而由国家或单位根据一定的标准，发给职工的补助性收入，如取暖补贴、通信补贴、交通补贴等。

补助更多的是指因职工生活困难而支付的补助费，如丧葬补助金、抚恤金、独生子女补助费、出差伙食补助费、误餐补助费、职工生活困难补助费等，一般属于福利范畴。

（六）加班工资

加班工资是单位依法合规安排员工延长工作时间，或安排员工在休息日工作不能补休的，或安排员工在法定节假日工作的，需支付的工资。

四、工资支付的一般规定

（一）工资支付形式

工资应该以法定货币形式支付。一般应该留存2年以上工资支付记录及领取签字备查，并为员工提供工资条或工资单。

（二）工资支付时间

用人单位应该按照约定的周期和日期支付工资，不得无故拖欠工资。

（三）最低工资

用人单位支付劳动者的工资不得低于当地最低工资标准。最低工资标准指劳动者在法定工作时间或依法签订的劳动合同约定的工作时间内提供了正常劳动的前提下，用人单位依法应支付的最低劳动报酬。一般采取月最低工资标准和小时最低工资标准的形式。工资支付标准低于该标准，则属于违法行为。

最低工资标准的确定和调整，一般参考当地就业者及其赡养人口的最低生活费用、城镇居民消费价格指数、职工个人缴纳的社会保险费和住房公积金、职工平均工资、经济发展水平、就业状况等因素。

需要重点关注的是，最低工资水平不包括劳动者应得的加班、加点工资、补贴伙食、住房支付或提供给劳动者的非货币收入、用人单位依法缴纳的社会保险费。劳动者个人应当缴纳的社会保险费和住房公积金包含在最低工资标准之内。因此，薪资管理人员应及时掌握当地最低工资水平和相关政策规定，确保支付合法合规。

（四）工资扣除的规定

用人单位不得克扣劳动者工资。用人单位可按照政策法规要求为员工代扣代缴个人所得税、社会保险费等费用。若因为员工个人原因给单位造成经济损失的，可按照规定从工资中扣除经济损失，但扣除后的剩余工资部分不得低于当地最低月工资标准。

（五）特殊人员的工资支付

1. 试用期的工资支付

员工试用期期间，用人单位应为员工代扣代缴社会保险费、住房公积金，且试用期工资应不低于合同约定工资的80%，且不能低于当地的最低工资标准。

2. 被派遣劳动者的工资支付

劳务派遣单位不可随意停发被派遣劳动者的工资。用人单位需按照同工同酬的基本原则支付被派遣劳动者的工资。

五、日、小时工资标准计算

根据《关于职工全年月平均工作时间和工资折算问题的通知》（劳社部发〔2008〕3号）规定，月计薪天数、日工资标准、小时工资标准折算如下：

$$月计薪天数 = （365天 - 104天） ÷ 12月 = 21.75天$$

$$日工资标准 = 月工资标准 ÷ 21.75$$

$$小时工资标准 = 月工资标准 ÷ （21.75 × 8）$$

六、新时期的薪税服务

薪税服务部分和共享服务对接的主要是基础的薪酬、个税相关工作，包括薪资数据的收集维护、薪资的核算、薪酬报表的需求分析和

笔记处

制作服务、薪资的发放以及个税申报等。HRSSC主要负责收集数据、核算薪酬及发放等具体工作，模式上更加关注流程的标准化。

在SSC（共享服务中心）模式下，薪酬管理人员运用薪酬系统对相关工资数据进行核算，此时，更关注流程的标准化，数据的及时性、完整性和准确性，在数据治理上更加严格、精准，重视流程效率的提高，数据异常的核查、计算、发放、过账、对账等尽可能流程化、标准化和自动化。

🎴 实践任务

一、任务描述

薪资通常指员工承担或完成了相关工作而获得的各种形式的收入，一般包括基本工资、奖金、津贴、福利项目等。不同企业或岗位的薪资结构也会因企业性质、规模、发展战略等因素而有所区别。

一般情况下，薪酬管理人员在日常的薪税服务中主要进行的工作是：首先，完成基本工资、绩效奖惩、考勤、津贴、住房公积金、社会保险费、个人所得税等相关数据的收集整理导入系统；其次，进行薪资核算并反馈审核，通过后制作成银行付款文件完成付款；最后，按企业要求制作工资单完成工资发放。

二、任务场景

每个月尤其是月底，陈明都需要一如既往地完成恒信股份有限公司所有员工的薪资数据收集、核算和发放等日常工作。

三、任务实施

提供日常薪税服务的工作流程如图7-1所示。

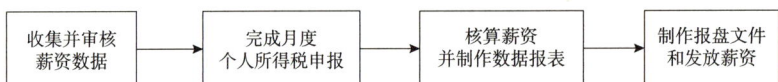

| 收集并审核薪资数据 | → | 完成月度个人所得税申报 | → | 核算薪资并制作数据报表 | → | 制作报盘文件和发放薪资 |

图7-1 日常薪资核算与发放工作流程

笔记处

（一）收集并审核薪资数据

通常，薪酬相关负责人需要先确认公司月度薪资数据的填报时间，明确薪资数据的填报形式和填报标准，然后收集并审核所有人员的薪资数据，包括新入职人员的社保基数、住房公积金基数等。

1.制定月度薪资日历

为便于掌握各个薪资数据填报的时间节点，提高数据收集的效率，保证工作及时和准确无误，可以制定月度薪资日历予以提醒。

2.收集审核薪资需求数据

不同薪资核算系统操作流程会有差异，但是，为确保数据准确，均需要对薪资数据的形式和内容进行反复审核，如新入职人员、离职人员、退休人员、产假人员等特殊情况的填写完整度和特殊操作要求；事假、病假、加班等的时长数据的填写正确性；社会保险费和住房公积金的扣除基数和扣缴比例等。

3.核算社会保险费和住房公积金缴纳金额

缴存基数和缴存比例，见"必备知识"部分相关内容。现今，企业可通过共享服务中心，利用信息化手段尽可能完成该部分中企业和员工账户的开通、员工账户的转入转出及企业年度基数调整等申报工作，实现数据收集和数据异常核查、计算、发放、过账、对账环节的流程化、自动化、自助化。

（二）完成月度个人所得税申报

1.企业员工月度个人所得税申报步骤

（1）薪税专员从薪资系统中导出在职员工的工资薪金报税数据。

（2）从他处收集由公司支付的劳务费用。

（3）对从企业收集的零星劳务报税数据和薪资系统中导出的在职员工工资薪金报税数据进行复核与校对，并制作标准导入模板。

（4）将以上报税数据分别导入自然人电子税务局（扣缴端），进行税款计算，核验计算结果并进行反馈。

（5）确认数据无误后，提交个人所得税申报并完成税款缴纳，打印完税凭证。

2.个人所得税的代扣代缴周期

关于个人所得税的申报，扣缴义务人应当在代扣税款的次月15日内，向主管税务机关报送其支付所得的所有个人的有关信息、支付所得数额、扣除事项和数额、扣缴税款的具体数额和总额以及其他涉

笔记处

税资料。扣缴义务人每月或每次预扣、代扣的税款，应当在次月15日内缴入国库。

全年应纳税所得额，即居民个人取得综合所得以及每一纳税年度收入额减除费用60000元及专项附加扣除和依法确定的其他扣除后的余额。

3.税率表

2019年，个人所得税新政策全面实施，建立了综合所得税按年计税的制度，目前我国采用的税率就是2018年修正的《中华人民共和国个人所得税法》（表7-1）。

表7-1 个人所得税税率表

级数	全年应纳税所得额	税率（%）	速算扣除数（元）
1	不超过3.6万元的	3	0
2	超过3.6万元至14.4万元的部分	10	2520
3	超过14.4万元至30万元的部分	20	16920
4	超过30万元至42万元的部分	25	31920
5	超过42万元至66万元的部分	30	52920
6	超过66万元至96万元的部分	35	85920
7	超过96万元的部分	45	181920

4.现行个人所得税综合所得累计预扣法应纳税额计算规则

本期应预扣预缴税额=（累计预扣预缴应纳税所得额 × 税率 - 速算扣除数）- 已预扣预缴税额

累计预扣预缴应纳税所得额 = 累计收入 - 累计免税收入 - 累计基本减除费用 - 累计专项扣除 - 累计专项附加扣除 - 累计依次确定的其他扣除

累计基本减除费用 = 5000元/月 × 当前月份

当前月份为一个自然年度内，应纳税义务人由本单位代扣代缴个人所得税的月份数。例如，如果员工自当年1月起就在本单位发薪，并由单位代扣代缴个人所得税，那么1月，月份数为1；2月，月份数为2；依次类推。如果员工自6月起加入该单位，并在6月当月开始发薪，由单位代扣代缴个人所得税，那么6月，月份数为1；7月，月份数为2；依次类推。

笔记处

（三）核算薪资并制作数据报表

开展薪资核算，这里主要使用薪资系统。核算完成后进行数据自查，并在自查无误后将系统生成的工资清册表格发给相关负责人审核。若有误，双方及时沟通处理直至审核通过。

审核结果导出核算表格，检查特殊情况如缺勤扣款、加班、新入职人员等信息是否已完成，其中包括个人所得税数据的验算。

根据薪资业务需要和约定，依据薪资数据制作薪资报表并发送给直线经理或HRBP。

薪酬报表分析是运用多种分析手段，对一定时期内企业的薪酬报表数据进行综合分析，从而反映薪酬现状、诊断薪酬缺陷、推进人力资源变革、提出优化建议的过程。

薪酬报表分析可以描述薪酬状况，反映人力资源现状；可以评估薪酬方案，考量人力资源决策的正确性与有效性；可以诊断薪酬制度缺陷，推进人力资源变革以及综合推进管理优化，达到人力资源战略目标。

薪酬报表分析需要重点分析以下关键指标：①薪酬业绩占比、薪酬利润占比或人工成本占比。②人工成本环比、同比增长率。③人均薪酬分析，总人均薪酬、各岗位级别人均薪酬、各岗位人均薪酬。④薪酬中各个结构的占比分析，如基本工资占比、提成占比、绩效占比等。⑤与外部薪酬水平的对比分析。

（四）制作报盘文件和发放薪资

薪资核算完成后，在系统中完成过账。之后财务根据过账金额和企业相关资金信息的金额进行比对，无误后财务完成过账、计提和打款。

薪资的发放需要制作银行报盘文件，如表7-2、表7-3所示，提交银行发放系统，完成薪资代发流程。注意：不同银行的付款文件和操作流程有差异，且有的企业也会通过现金或支票发放薪资。

表7-2 报盘文件（1）

户名	账号	金额

笔记处

表7-3 报盘文件（2）

付款账号名称/卡名称	付款账号/卡号	收款账号名称	收款账号	金额	汇款用途	顺序号

最后，提供电子薪资单，并告知员工查询途径，或打印纸质薪资单并送达员工。

任务二　设计薪酬管理体系

必备知识

一、相关概念

（一）岗位评价

岗位评价又称职位评估、工作评估或岗位测评等，是在工作分析的基础上，对各岗位的责任大小、工作强度、工作复杂性、所需资格条件等特性进行评价，以确定岗位相对价值的过程。

（二）薪酬调查

薪酬调查是通过一系列标准、规范和专业的方法，对市场上各职位进行分类、汇总和统计分析，形成能够客观反映市场薪酬现状的调查报告，为企业提供薪酬设计方面的决策依据及参考。薪酬调查是薪酬设计中的重要组成部分，重点解决的是薪酬的对外竞争力和对内公平性问题，薪酬调查报告能够帮助组织达到个性化和有针对性地设计薪酬的目的。

（三）薪酬结构

薪酬结构指员工薪酬的构成项目及各项目所占的比例。一个组织合理的薪酬结构应包括固定部分薪酬（主要指基本工资、岗位工资、技能工资和工龄工资等）、浮动部分薪酬（主要指奖金和绩效薪酬）、津贴及其所占的比例。薪酬结构中各项目所占的比例，需要根据组织性质和文化、薪酬策略、岗位性质和员工性质等进行确定。

笔记处

（四）薪酬策略

一般来说，供组织选择的薪酬策略有高弹性薪酬模式，即薪酬中固定部分比例比较低，而浮动部分比例比较高；高稳定薪酬模式，即薪酬中固定部分比例比较高，而浮动部分比例比较低；调和型薪酬模式，即既有激励性又有稳定性的薪酬模型，绩效薪酬和基本薪酬各占一定的比例。当两者比例不断调和和变化时，这种薪酬模型可以演变为以激励为主的模型，也可以演变为以稳定为主的模型。

（五）薪酬等级

从理论上说，每一个岗位根据其相对价值对应一个薪酬值，但实际上组织常常把多种类型工作岗位对应的薪酬值归类组合成若干等级，形成一个薪酬等级系列，这就是薪酬等级。

（六）薪酬幅度

在薪酬管理实践中，根据岗位评价得出的每个岗位级别所对应的薪酬水平往往是一个范围，具有一定的幅度，即薪幅。其下限为等级起薪点，上限为顶薪点，即最低薪酬和最高薪酬。

（七）薪酬管理

薪酬管理是在组织发展战略指导下，对员工薪酬支付原则、薪酬策略、薪酬水平、薪酬结构、薪酬构成进行确定、分配和调整的动态管理过程。

二、影响薪酬水平的主要因素

在市场经济条件下，员工和组织的薪酬水平受到内外部多种因素的影响，如图7-2、图7-3所示，为了保证薪酬管理的有效实施，必

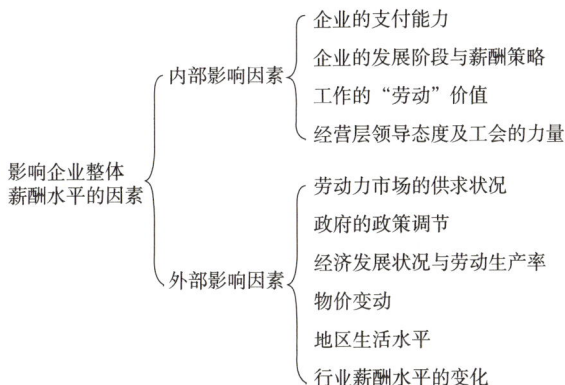

图7-2　影响企业整体薪酬水平的因素

笔记处

```
                    ┌ 劳动绩效
                    │ 职务或职位
   影响员工个人      │ 综合素质与技能
   薪酬水平的因素  ┤ 工作条件
                    └ 年龄与工龄
```

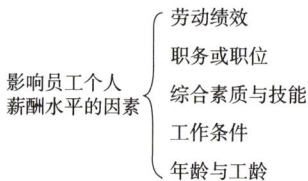

图7-3　影响员工个人薪酬水平的因素

须对这些影响因素有所认识和了解。

三、薪酬管理的目标

薪酬管理围绕以下几个目标来开展。

（1）吸引并留住关键人才。在薪酬体系设计中必须尊重市场规律，应该做到对外具备竞争力、对内具备公平性、对个体具备激励性。

（2）价值肯定。员工的薪酬必须基于岗位价值，反映该岗位对企业的贡献。

（3）合理控制人工成本，优者奖、弱者强。优质资源永远向优秀人才倾斜，好的薪酬机制要让强者更强，鼓励弱者跟上强者的步伐，有效控制人工成本的上升。

（4）基本的安全保障。在员工与组织的关系中，员工相对处于弱势，是风险较大的一方，希望组织给予薪酬福利等安全保障。因此薪酬设计时，首先让员工有安全感，员工才会愿意为组织努力工作。

（5）结成利益共同体。设计合理有效的薪酬体系，将员工短期、中长期的利益结合起来，谋求员工和组织的共同发展。

四、薪酬管理的原则

薪酬管理需遵循以下原则：第一是公平性原则，即员工对薪酬分配的公平感，也就是对薪酬发放是否公正的判断与认识，是设计薪酬制度和进行薪酬管理的首要考虑因素，由"公平感"的主观性和相对性决定。薪酬的公平性可以分为外部公平性、内部公平性和个人公平性。第二是竞争性原则，指在社会上和人才市场中，组织

笔记处

的薪酬标准要有吸引力，才足以战胜其他组织，招到所需人才。第三是激励性原则，即要在内部各类、各级岗位的薪酬水平上，适当拉开差距，真正体现按贡献分配的原则。第四是经济性原则，即企业在确定薪酬水平时，要注意控制人工成本。第五是合法性原则，即组织薪酬制度必须符合国家的政策法律法规，符合国家及地方有关劳动用工及人事的法律法规，尤其要体现对劳动者的尊重、公正，避免歧视。

五、新时期的薪酬管理体系设计

在共享模式和大数据背景下，薪酬的管理更加关注薪资核算及发放时的合规性，以及异常情况的分析处理方面的管理，更加关注策划薪酬调研的组织的有序和调研分析的有效，关注和首席执行官（CEO）及HRBP在薪资报表要求方面达成一致并予以执行，以尽可能推动数字化手段的使用，如BI（商务智能）报表平台的建设等。

📖 实践任务

一、任务描述

在日常的薪税服务工作之外，通常需要从企业的整个视角设计，根据企业的实际状况、经营目标和策略选择以及经济实力等，找到适合企业特点的薪酬管理体系，主要包括薪酬的策略确定、薪酬市场调研、薪酬水平的确定、薪酬结构安排、具体的薪酬等级设计以及薪酬满意度调查、薪酬制度的贯彻实施等。

二、任务场景

陈明深知，恒信股份有限公司要想把钱花在刀刃上，既考虑公司人工成本预算，又尽可能达到激励员工、留住核心员工的目的，必须知己知彼，了解市场状况，了解企业员工的需求，明确适合自己的薪酬目标和策略，设计出有特色的薪酬管理体系。

笔记处

三、任务实施

薪酬体系设计工作的主要操作流程如图7-4所示。

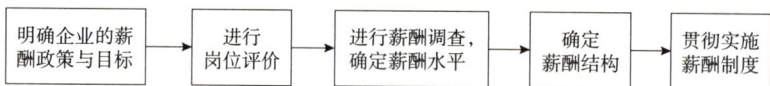

```
明确企业的薪     进行       进行薪酬调查，     确定       贯彻实施
酬政策与目标  →  岗位评价  →  确定薪酬水平  →  薪酬结构  →  薪酬制度
```

图7-4 薪酬体系设计工作主要操作流程

（一）明确企业的薪酬政策与目标

薪酬政策是企业为了把握员工的薪酬总额、薪酬结构和薪酬形式，所确立的薪酬管理导向和基本思路的文字说明或者统一意向。具体地说，薪酬政策体现为企业对薪酬管理运行的目标、任务和手段的选择，包括企业对员工薪酬所采取的竞争策略、公平原则、薪酬成本与预算控制方式等内容。

企业薪酬政策是决定薪酬外部竞争力的主要标志，企业制定的薪酬政策是否具有外部竞争力，取决于企业选择哪种类型的外部薪酬策略，是通过选择高于、低于或者平于竞争对手的薪酬水平实现的。薪酬政策是企业付酬的基本原则（有效、公平、合法）、导向和目标。具体政策导向可根据情况进行选择，如领先型薪酬政策、跟随型薪酬政策、滞后型薪酬政策以及混合型薪酬政策。不同公司的薪酬政策不同，同一家公司在不同时期也会有不同的政策。

1.领先型薪酬政策

领先型薪酬政策是采取本组织的薪酬水平高于竞争对手或市场的薪酬水平的策略。这种薪酬策略以高薪为代价，在吸引和留住员工方面都具有明显优势，并且将员工对薪酬的不满降到一个相当低的程度。企业采取领先型薪酬政策一般有三种情况：一是企业具有雄厚的实力，二是企业急需某类人才，三是工作可能具有某些明显劣势。

2.跟随型薪酬政策

跟随型薪酬政策也称为"市场追随政策""市场匹配政策"，力图使本组织的薪酬成本接近竞争对手的薪酬成本，使本组织吸纳员工的能力接近竞争对手吸纳员工的能力。大多数企业都愿意采用跟随型薪酬策略：一方面不会因薪酬水平过低而吸引不到员工、留不住员工，另一方面不用因支付过高的薪酬而增加成本。

笔记处

3.滞后型薪酬政策

滞后型薪酬政策又称"成本导向策略""落后薪酬水平策略"或"拖后型薪酬政策",采取本组织的薪酬水平低于竞争对手或市场薪酬水平的策略。采用滞后型薪酬策略的企业,大多处于竞争性产品市场,边际利润率比较低,成本承受能力很弱。这种策略可以作为一种过渡策略,帮助企业快速成长或渡过难关。

4.混合型薪酬政策

混合型薪酬政策指企业在确定薪酬水平时,根据职位的类型或者员工的类型来分别制定不同的薪酬水平决策,而不是对所有的职位和员工均采用相同的薪酬水平定位。混合型薪酬政策最大的优点就是其灵活性和针对性。

(二)进行岗位评价

岗位评价是在工作分析的基础上,对各职位的责任大小、工作强度、工作复杂性、所需资格条件等特性进行评价,以确定职位相对价值的过程。其结果是确定薪酬的有力证据。

在进行岗位评价时,一般考虑以下假设条件:①岗位所承担的责任和风险越大,对组织整体目标的贡献和影响也越大,被评价的等级应该越高。②岗位所需的知识和技能越高越深,被评价的等级应越高。③岗位工作难度越大、越复杂,所需付出努力越多,被评估的等级应越高。④岗位工作环境越恶劣,被评估的等级应越高。⑤岗位等级越高,薪酬水平越高。

进行岗位评价的方法主要有排列法、分类法、要素比较法和要素计点法四种。

1.排列法

排列法是在不对工作内容进行分解的情况下,由评定人员凭着自己的经验和判断,将各工作职位的相对价值按高低次序进行排列,从而确定某个工作职位与其他工作职位关系的方法,是一种简单的职位评价方法。小型企业的工作职位不多,运用这种方法比较有效,但不太精确。

2.分类法

分类法又称归级法,是对排列法的改革,是将各种岗位归入各岗位等级中的方法。它是在工作分析基础上制定一套岗位级别描述标准,然后每一个岗位都根据与之最匹配的描述标准打分定级的方法,能够快速地对多个岗位进行评价。

该方法比较简单，但主观性较强，等级说明过于一般化，容易出现范围过宽或过窄的情况，引起争论，同时难以描述岗位间的价值差距。

3.要素比较法

要素比较法是比较精确和复杂的职位评价方法之一。它通过依据不同的薪酬要素多次对职位排序，然后综合考虑每一个职位的序列等级，并得出一个加权的序列值，最终确定职位序列。

4.要素计点法

要素计点法又称点数加权法、点数法，是目前大多数国家最常用的定量评价方法。它首先把工作岗位分解成若干可付酬要素，并确定各要素的权数，将每个要素分成若干不同的等级；其次赋予各要素的各等级一定分值，这个分值也称为点数；最后按照要素对岗位进行评价，算出每个岗位的加权总点数，便可得到岗位相对价值。付酬要素及相应的权重必须反映工作职位的性质和变化，这通常由工作分析来决定。

（三）进行薪酬调查，确定薪酬水平

薪酬水平是由市场供求关系决定的。企业的薪酬水平相对于市场的偏离，将可能带来员工高流失率或人工成本的不合理增加，对于企业的长远发展产生不利影响。因此陈明决定通过薪酬调查，发现薪酬在市场变化中的平衡点，改善薪酬设计中存在的问题，进而推动人力资源管理工作水平的进一步提升。

通常，外部市场薪酬调查可增强企业对竞争对手的了解，有助于企业及时调整自己的薪酬战略。外部市场薪酬调查可以确定基准职位的薪酬水平，其他职位的薪酬水平可以根据其相对价值和基准水平进一步确定。通过对企业内部员工薪酬满意度的调查，能够进一步深入了解员工对现有薪酬结构、水平的满意度，并在此基础上做出有针对性的调整，以实现最大限度发挥薪酬的激励作用。

薪酬市场调查的主要内容有薪酬水平的调研和薪酬结构的调研，具体包括：①了解企业所在行业的工资水平。②了解企业所在地区的工资水平。③调查企业的工资结构。④查找企业内部工资不合理岗位。⑤了解工资动态与发展趋势。

薪酬市场调查的渠道可以选择自己组织进行调查，也可以选择企业之间相互调查，还可以委托专业机构进行调查，当然也可以从公开的信息中、从流动人员中了解或者直接购买外部薪酬数据。

完成薪酬市场调查的主要操作如下。

1.明确调查目的

一般情况下，市场薪酬调查都需要了解劳动力市场上某些岗位的薪酬水平。在设计薪酬调查计划时需考虑薪酬调查的目的，针对不同的目的，薪酬调查计划应有所侧重。目的不同，需了解的岗位薪酬信息的类型、数量、质量不同。例如，为回顾和检讨企业现有薪酬管理体系，调整和完善企业整体或局部薪酬水平、薪酬构成、薪酬结构、薪酬层次、薪酬支付等薪酬政策，为某类特定岗位的薪酬政策的确定或调整提供依据，掌握相同城市类别、同行业的薪酬水平和薪酬调整时间、范围与水平，掌握全社会的劳动力价格和趋势，等等。

2.确定调查样本

考虑到企业薪酬策略、调查的必要性、需付出的成本、相关匹配度和有效性，薪酬调查需选择合适的调查人群及关键岗位，选择合适的地区、选择相关的行业、选择具体的相类似的企业。一般来说，如果是领头企业，通常只需要调查同行中规模较大、薪酬较高的企业，基准企业数量不超过10个；而采用追随型薪酬政策的企业需要相对较多的样本，建议基准企业不少于10个，不超过30个。

3.确定调查方法

常用的调查方法包括问卷调查、面谈调查、文献调查等。企业应结合用人策略和调查目的决定采用何种调查方法。

4.实施调查并进行数据分析

将调查到的薪酬数据和目标企业、目标人群和岗位进行对标，将结果作为薪酬结构项目调整的重要依据。

5.形成薪酬调查报告并运用

薪酬调查报告包括外部客观信息综述、数据分析汇总和制订建议方案。外部客观信息综述主要反映经济环境因素影响，如CPI水平变化对业务开拓的影响、直播短视频营销模式的兴起等带来的薪酬变化，体现客观因素影响下的薪酬变化趋势。然后将数据分析汇总呈现内外部对标结果，提炼关键发现，导出差距结果，并基于差距给出调整薪酬的框架和政策建议，供决策层决策。

薪酬满意度调查报告的主要内容有对薪酬福利水平的满意度，对薪

笔记处

酬福利结构、比例的满意度，对薪酬福利差距的满意度，对薪酬福利决定因素的满意度，对薪酬福利调整的满意度，对薪酬福利发放方式的满意度，对工作本身（如自主权、成就感、工作机会等）的满意度以及对工作环境（如企业管理、工作时间、办公设施等）的满意度等。

（四）确定薪酬结构

薪酬结构可以分为横向结构和纵向结构。横向结构设计主要指薪酬的每一等级区间的构成内容及比例的确定，如常见薪酬构成要素基本工资/固定工资、岗位工资/职务工资、工龄工资、学历工资、技能工资、绩效工资、加班工资、福利、补贴/津贴/补助、月/季/年奖金、股权期权、分红等的构成和比例安排。通常来说，依据不同的岗位类型如销售、生产、研发、管理等的特点进行不同的横向结构设计。

薪酬纵向结构的设计包括以下几个操作步骤。

1.薪酬预算

薪酬预算指企业管理者在薪酬管理过程中进行的一系列成本开支方面的权衡和取舍，包括对未来薪酬系统总体支出的预测和工资增长的预测。工资总额的测算受企业内外部各因素的影响，内部因素主要包括企业上年度薪酬总额、人员编制、经营绩效，本年度的经营计划、人员编制等。外部因素主要包括国家相关政策和规定、地区薪酬水平、行业相关薪酬水平、公司薪酬水平。

薪酬预算的方法包括自上而下的预算方法和自下而上的预算方法。自上而下的预算方法主要包括以下三种。

（1）销售额基准法，即薪酬费用比率对算法。

薪酬费用比率=薪酬费用总额/销售额=（薪酬费用总额/员工人数）/（销售总额/员工人数）=薪酬水平/人均销售额

【案例】假定某企业薪酬费用比率为20%，上年度年平均薪酬为18800元，本年度计划平均员工为208人，薪酬增长幅度为15%。则本年目标销售额应为：

$$18800 \times (1+15\%) \times 208/20\% = 2248.48（万元）$$

（2）盈亏平衡点基准法，即盈亏平衡点推算法。盈亏平衡点，指在该点处企业销售产品和服务所获得的收益，恰好能够弥补其总成本（含固定成本和可变成本），而没有额外的盈利，也就是表明

笔记处

企业处于不盈不亏但尚可维持经营的状态；安全盈利点，是在确保股息之外，还能得到足以应付未来可能发生风险或危机的一定盈余，也就是说，企业处于不盈不亏尚可维持经营的状态；边际盈利点，指销售商品和服务带来的收益，不仅能够弥补全部服务带来的收益，在确保股息之外还能为企业应付未来可能发生的风险或危机积存一点盈余。

显然，这三点与企业的销售额密切相关。盈亏平衡点、边际盈利点和安全盈利点所要求的销售额的计算公式分别为：

盈亏平衡点销售额＝固定成本/（1-变动成本比率）

边际盈利点销售额＝（固定成本＋股息分配）/（1-变动成本比率）

安全盈利点销售额＝（固定成本＋股息分配＋企业盈利保留）/（1-变动成本比率）

根据上面三个公式，可以推算出企业支付薪酬成本的各种比率：

薪酬费用最高比率（最高薪酬费用比率）＝薪酬费用总额／盈亏平衡点销售额×100%

薪酬费用可能比率（可能薪酬费用比率）＝薪酬费用总额／边际盈利点销售额×100%

薪酬费用安全比率（安全薪酬费用比率）＝薪酬费用总额／安全盈利点销售额×100%

【案例】假定某企业的固定成本为4000万元，其中薪酬成本2500万元，变动成本为60%，则在实现盈亏平衡经营时：

盈亏平衡点销售额=4000/（1-60%）=10000（万元）

薪酬费用最高比率=2500/10000×100%=25%

则在欲实现500万元的微弱盈利时：

边际盈利点销售额=（4000+500）/（1-60%）=11250（万元）

薪酬费用可能比率=2500/11250×100%=22.2%

假设企业除有盈余分配500万元之外，还欲为企业的发展保留1000万元的盈余，则：

安全盈利点销售额=（4000+500+1000）/（1-60%）=13750（万元）

薪酬费用安全比率＝2500/13750×100%＝18.2%

对该企业而言，比较恰当的薪酬费用比率应当为18.2%，如果是22.2%或者25%，则该企业的经营已经超越常规限度，说明企业已经处于比较危险的经营状态。

（3）劳动力基准法，即劳动分配率推算法。

$$劳动分配率 = 1 - 资本分配率$$

【案例】假设某企业附加价值率为40%，劳动分配率为45%，目标薪酬费用总额为3600万元，则目标销售额的计算方法如下：

$$目标销售额 = 目标薪酬费用总额 / （附加价值率 \times 劳动分配率）$$
$$= 3600 / （40\% \times 45\%）$$
$$= 20000（万元）$$

利用劳动分配率推算法还可以计算出薪酬的合理增长幅度。

2.薪酬等级设计

薪酬等级设计包括薪酬等级数量、薪酬等级区间的最大值及最小值、中位值、薪幅、叠幅及宽带薪酬体系设计和确定。

3.薪酬等级级差的设计

薪酬等级的级差设计主要包括等差点数法、等比递增系数法和市场调查法。等差点数法是指每相邻两个薪酬等级中位值的差值相等。等比递增系数法的确定方法是用最高等级点数与最低等级点数的倍数开N次方，N为等级数目减一。市场调查法是考虑外部的竞争性，用市场调查的薪酬结果与企业现行薪酬水平进行对比，调整差异，确保企业薪酬的外部竞争性。确定级差值的经验基准：低等岗位10%~15%；中等岗位20%~25%；高等岗位30%~50%。

4.档差设计

档差设计即每个薪酬等级区间的档数设计，有均匀档差和均速递增档差两种方式。

5.修正与取整

通过修正之后形成企业薪酬政策。计算出各岗位等级的薪点值后，应将其市场薪酬数据与公司现行薪酬水平进行对比分析，统计估算其薪酬成本，必要时进行修正调整。薪点值可取整，如取消个位

笔记处

数、四舍五入等，这样有利于后期薪酬计算和统计。

（五）贯彻实施薪酬制度

薪酬管理制度是企业薪酬管理的重要任务之一，其贯彻实施包括薪酬体系、薪酬水平、薪酬结构设计完善、薪酬等级标准设计、薪酬支付形式等的具体贯彻实施。

薪酬管理制度设计需满足以下几点基本要求：①构建相应的支持系统。②确定合理薪酬结构，有效控制人工成本。③合理确定薪酬水平，处理好工资关系。④建立劳动力市场的决定机制。⑤体现职位的差别。⑥体现劳动的潜在形态、流动形态、凝固形态。⑦体现保障、激励、调节三大职能。

组织的薪酬制度是否科学、合理有效，可以用以下三项标准来衡量：①员工的认同度。90%以上的员工能够接受。②员工的感知度。员工不仅自己明白，还能很快讲清楚。③员工的满足度。员工的薪酬是否和他的贡献一致，体现等价交换的原则，并及时发放。

企业薪酬管理制度制定的基本程序如下。

1.单项工资管理制度制定的基本程序

单项工资管理制度制定的基本程序包括：①准确表明制度的名称，如工资总额计划与控制制度、工资构成制度、奖金制度、劳动分红制度、长期激励制度等。②明确界定单项工资制度的作用对象和范围。③明确工资支付与计算标准。④涵盖该项工资管理的所有工作内容，如支付原则、等级划分、过渡办法等。

2.工资管理制度制定的基本程序

常用工资管理制度的制定程序一是职位工资或能力工资的制定程序：①根据员工工资结构中职位工资或能力工资所占比例，根据工资总额，确定职位工资总额或能力工资总额。②根据企业战略等确定职位工资或能力工资的分配原则。③职位分析与评价或对员工进行能力评价。④根据职位评价结果确定工资等级数量以及划分等级。⑤工资调查与结果分析。⑥了解企业财务支付能力。⑦根据企业工资策略确定各工资等级的中点。⑧确定每个工资等级之间的工资差距。⑨确定每个工资等级的工资幅度，即每个工资等级对应多个工资标准。⑩确定工资等级之间的重叠部分大小。⑪确定具体计算办法。

二是奖金制度的制定程序：①按照企业经营计划的实际完成情况确定奖金总额。②根据企业战略、企业文化等确定奖金分配原则。

笔记处

③确定奖金发放对象和范围。④确定个人奖金计算办法。

✅ 任务三　设计奖金津贴福利

📖 必备知识

一、相关概念

（一）奖金

奖金是给予付出超额劳动的劳动者的现金奖励，是企业因为员工超额完成任务或实现卓越业绩而付予员工的经济性报酬，也称为刺激性奖酬，属于可变薪酬。

奖金的发放形式包括全勤奖、项目奖、年终奖以及其他奖如优秀部门奖、优秀员工奖、创新奖等。

（二）津贴和补贴

津贴是企业支付给员工工资以外的补助费，主要为了补偿员工特殊或额外的劳动消耗，一般与工作相关。补贴是为了补偿员工特殊或额外的劳动消耗和其他特殊原因而支付给员工的基本工资以外的报酬，一般与生活相关。它们都是为了补偿员工特殊或额外的劳动消耗而支付的工资以外的补助费。

（三）福利

福利是组织为满足员工的生活需要，支付给员工的除基本薪酬与奖金以外的实物和服务等间接薪酬。一般来说，企业福利由法定福利和企业自主福利两部分组成。

（四）弹性福利制度

20世纪70年代起源于美国，指企业在核定的人均年度福利预算范围内，提供可选的多种福利项目，给员工自主选择权，由员工根据个人及其家庭成员的需要自主选择福利产品或产品组合的一种福利管理模式。

二、福利的特点

与直接薪酬相比，福利有四个主要特点。

（一）补偿性

福利只起到满足员工生活有限需求的作用，是对员工为组织提供劳务的一种物质性补偿，也是员工工资收入的一种补充形式。

（二）均等性

组织内履行了劳动义务的员工，都可以平均地享受组织的各种福利。

（三）集体性

组织兴办各种集体福利事业，员工集体消费或共同使用物品等是员工福利的主体形式，也是员工福利的一个重要特征，如员工餐厅、员工俱乐部等。

（四）针对性

组织为员工提供的福利，如消费品与劳务都具有明显的针对性。一项福利往往是针对员工的某项需要而设立的，因而有时有较强的时间性，如降温费、取暖费等。

三、福利的类型

（一）根据福利的性质，福利可分为法定福利与补充福利

法定福利也称为基本福利，是指按照国家法律法规和政策规定必须发生的福利项目，其特点是只要组织建立并存在，就有义务、有责任且必须按照国家统一规定的福利项目和支付标准支付，不受组织的所有制性质、经济效益和支付能力影响。

法定福利包括：①社会保险。包括生育保险、养老保险、医疗保险、工伤保险、失业保险以及疾病、伤残、遗属三种津贴。②法定节假日。根据2013年12月11日《国务院关于修改〈全国年节及纪念日放假办法〉的决定》，全年法定节假日为11天。③特殊情况下的工资支付。指除属于社会保险，如病假工资或疾病救济费（疾病津贴）、产假工资（生育津贴）之外的特殊情况下的工资支付。如婚丧假工资、探亲假工资。④工资性津贴。包括上下班交通费补贴、洗理费、书报费等。⑤工资总额外补贴项目。计划生育独生子女补贴；冬季取暖和夏季降温补贴。

补充福利指在国家法定的基本福利之外，由组织自定的福利项

目。组织补充福利项目的多少、标准的高低，在很大程度上要受到组织经济效益和支付能力的影响，是组织出于自身某种目的的考虑。

补充福利的项目五花八门，经常见到的有交通补贴、房租补助、免费住房、工作午餐、女工卫生费、通信补助、互助会、职工生活困难补助、财产保险、人寿保险、法律顾问、心理咨询、贷款担保、内部优惠商品、搬家补助、子女医疗费补助等。

（二）根据福利的享受对象，福利可分为集体福利与个人福利

集体福利主要指全部职工可以享受的公共福利设施。包含职工集体生活设施，如职工食堂、托儿所、幼儿园等；集体文化体育设施，如图书馆、阅览室、健身室、浴池、体育场（馆）；医疗设施，如医院、医疗室等。

个人福利指在个人具备国家及所在组织规定的条件时可以享受的福利。如探亲假、冬季取暖补贴、子女医疗补助、生活困难补助、房租补贴等。

（三）根据福利的表现形式，福利可分为经济性福利与非经济性福利

经济性福利是指货币或实物形式的福利。这类福利直接发生经济成本，如住房性福利、交通性福利、教育培训性福利、午餐补助、医疗保健性福利、文化旅游性福利等，即前面提到的集体福利、个人福利、法定福利与补充福利均为经济性福利。

非经济性福利指不涉及货币或实物，只关注改善员工工作生活质量的福利。这类福利形式包括免费提供法律咨询和员工心理健康咨询、平等就业权利保护、隐私权保护、弹性工作时间和员工参与民主化管理等。

四、新时期的奖金津贴福利设计

SSC模式下更关注调研选择的科学性及操作流程的标准化和规范化，尽可能通过科技手段进行固化，更关注员工的体验感和其中的数据分析及其应用。

笔记处

💬 实践任务

一、任务描述

在日常经营过程中，为最大限度地降低企业在人力资源方面面临的风险，企业除了基本的薪酬设计与管理之外，还会进行奖金津贴福利方面的设计，以最大限度地调动员工的工作积极性和凝聚力，满足法定要求的同时转移企业用工风险，提升企业对员工的保障和关怀。

二、任务场景

陈明为更大限度地激励员工、提升员工满意度、保障员工身心健康、完善员工薪酬福利体系，准备向员工提供奖金津贴补贴以及福利等多种保障，他先根据恒信股份有限公司的预算进行了奖金津贴福利的方案设定，然后对员工的福利方面需求进行调研，针对性地设计出满足员工工作生活需求的福利方案。

三、任务实施

奖金津贴和福利的设计主要操作流程如图7-5所示。

```
设计奖金方案  →  设计津贴补贴方案  →  设计福利方案
```

图7-5　奖金津贴福利设计的主要操作流程

（一）设计奖金方案

奖金分配方案的设计的操作关键节点如下。

1.确定奖金总额

确定奖金总额，如"奖金总额＝生产（或销售）总量×标准人工成本费用－实际支付工资总额"或者"年度奖金总额＝（年度实现销售额－年度目标销售额）×计奖比例"抑或"奖金总额＝成本节约额×计奖比例"等。

2.分析计奖单位

分析计奖单位，如平均计奖、参照计奖、独立计奖等。

3.计算个人奖金额

计算个人奖金额，如系数法——个人奖金额〔企业奖金总额/∑（岗位人数 × 岗位系数）〕× 个人岗位计奖系数；

计分法——个人奖金额 =（企业奖金总额/各人考核总得分）× 个人考核得分等。

个人奖金额的计算直接关系到奖金分配方案的具体实施和执行，取决因素包括公司绩效、部门绩效、部门重要性、岗位绩效、岗位重要性及个人入职时间等，原稿介绍的两种个人奖金计算方法系数法是考虑岗位的重要性，计分法是考虑岗位绩效情况，实践中常结合来使用，主要用于一线工人个人奖金的计算。

4.选择奖金发放时机

奖金发放时机的选择要符合以下要求：①承诺兑现要准时。②行为奖励要及时。③时间间隔可变化。

（二）设计津贴补贴方案

1.津贴补贴的设计

主要根据企业的薪酬政策和经济实力来取舍。津贴可以选择的项目如下。

（1）补偿职工特殊或额外劳动消耗的津贴。如高空津贴、井下津贴、流动施工津贴、野外工作津贴、高温作业津贴、冷库低温津贴、海岛津贴、高原地区临时津贴、夜班津贴、中班津贴等。

（2）保健性津贴。如卫生防疫津贴、医疗卫生津贴、各种社会福利院员工特殊保健津贴。

（3）技术性津贴。如特殊教师津贴、科研津贴、工人技师津贴、中药老药工技术津贴、特殊教育津贴等。

（4）年功性津贴。如工龄津贴、教龄津贴、护士工龄津贴等。

（5）其他。如火车司机和乘务员的乘务津贴、航行和空勤人员伙食津贴、体育运动员和教练员伙食补助费、少数民族伙食津贴、书报费等。

2.补贴的设计

补贴一般包括工资性补贴，即为了补偿工人额外或特殊的劳动消耗及为了保证工人的工资水平不受特殊条件影响，而以补贴形式支付给员工的劳动报酬，包括按规定标准发放的物价补贴，煤、燃气补贴，交通补贴，住房补贴，流动施工补贴等；物价补贴，即为了保证职工工资水平不受物价影响支付给职工的补贴。

笔记处

具体可以选择的项目如下。

（1）餐饮补贴。企业为员工提供的早、中、晚餐或饮料补贴。

（2）住房补贴。企业对无自由住房员工或自由住房面积未满足住用需求的员工发放的购房或住房补贴。

（3）交通补贴。企业用于补偿员工上下班乘坐市内公共交通工具而发生的费用，或补偿员工使用个人交通工具而发生的燃油费、保养费。

（4）通信补贴。企业为补偿员工因工作需要而发生的移动、固定电话通信费用向员工提供的补贴项目。

（5）出差补贴。企业为补偿员工因出差造成生活成本增加的费用而向员工提供的补贴项目。

（6）医疗补贴。补偿员工因病或非因公负伤的医疗费用而支付的补贴。

（7）困难补助。对因病、因残或其他原因导致生活困难的部分员工发放定期或一次性困难补助费。

（8）其他。如保健费、异地补贴、水电补贴等。

（三）设计福利方案

福利方案的设计思路主要如下。首先，确定福利目标。其次，核算福利成本。再次，进行福利调查与沟通。调研并沟通员工在商业保险、年度体检、节假日福利等方面的需求。复次，设计福利项目。根据福利类型的特点结合企业的预算，设计符合员工需求的福利项目。常见的福利项目包括：①附加型。这是最普及的一种形式，是在现有的福利计划之外，再提供其他不同的福利措施或提升原有福利项目的水准，让员工去选择。②核心加选择型。由"核心福利"和"弹性选择福利"组成，前者是每个员工都可以享有的基本福利，不能自由选择；后者可以随意选择，并附有价格。③弹性支用账户。这是比较特殊的一种，员工每一年可从其税前总收入中拨取一定数额的款项作为自己的"支用账户"，并以此账户去选择购买雇主所提供的各种福利措施。拨入支用账户的金额不须扣缴所得税，不过账户中的金额如未能于年度内用完，余额就归公司所有；既不可在下一个年度中并用，也不能够以现金的方式发放。④福利套餐型。是由企业同时推出不同的福利组合，每一个组合所包含的福利项目或优惠水准都不一样，员工只能选择其中一个的弹性福利。其性质如同餐厅里的套餐消费。⑤选高择低型。一般会提供几种项目不等、程度不一的福利组合供员工选择，以组织现有的固定福利计划为基础，再据以规划数种不同的福利组合。这些组合的价值和原有的固定福利相比，有的高，有的低。如果员工看中了一个价值较原有福利措施还高的福利组合，那么他就需要从薪水中扣除一定的金额来支付其间的差价。如果他挑选了一个价值较低的福利组合，他就可以要求雇主发给其间的差额。又次，确认福利方案。在实践中可以考虑弹性福利计划，即由企业提供一份列有各种福利项目的"菜单"，然后由员工依照自己的需求从中选择其需要的项目，组合成属于自己的一套福利"套餐"。这种制度非常强调"员工参与"的过程。最后，进行宣贯。

🗩 学习研讨

背景描述	腾达公司近年来产销两旺，高速发展，但仍有不少人辞职。公司人力资源部认为导致员工离职的主要原因可能是薪酬不合理，为此，人力资源部拟在员工中进行一次薪酬满意度调查。试为该公司设计一份员工薪酬满意度调查表
研讨主题	掌握实施薪酬调查的方式、内容
成果展示	每个团队以PPT等形式展示

🗩 学习评价

内容组织	素养提升			评价结果
内容全面且组织有条理：小组成员分工明确；调查问卷及访谈内容全面、方法科学、调查对象和时间合理	语言通顺简洁、思路清晰、重点突出	熟练运用PPT、视频、动画等信息化技术手段	很好体现团队协作精神和信息处理能力	优秀□
内容比较全面且组织比较有条理：小组成员分工较明确；调查问卷及访谈内容较全面、方法较科学、调查对象和时间较合理	语言较通顺简洁、思路较清晰、重点突出	较熟练运用PPT、视频、动画等信息化技术手段	较好体现团队协作精神和信息处理能力	良好□
内容不全面且组织条理不清：小组成员分工不够明确；调查问卷及访谈内容有欠缺、方法不够科学、调查对象和时间不够合理	不能够很好组织语言、思路不清晰	不能熟练运用视频、动画等信息化技术手段	不能很好体现团队协作精神、信息提炼不准确	一般□

笔记处

🔊 学习检测

（1）薪酬的构成要素有哪些？薪酬管理应把握哪些原则？

（2）薪酬调查的方式有哪些？

（3）岗位评价有几种方法？各有何优缺点？

（4）法定福利的组成包括哪些？

🔊 学习小结

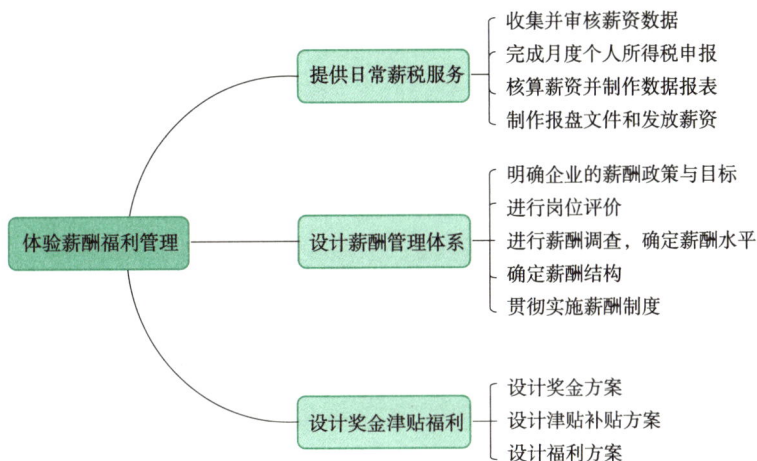

体验薪酬福利管理

- 提供日常薪税服务
  - 收集并审核薪资数据
  - 完成月度个人所得税申报
  - 核算薪资并制作数据报表
  - 制作报盘文件和发放薪资
- 设计薪酬管理体系
  - 明确企业的薪酬政策与目标
  - 进行岗位评价
  - 进行薪酬调查，确定薪酬水平
  - 确定薪酬结构
  - 贯彻实施薪酬制度
- 设计奖金津贴福利
  - 设计奖金方案
  - 设计津贴补贴方案
  - 设计福利方案

笔记处

单元八　初涉劳动关系管理

💬 情景导入 ▷

一系列的职位锻炼后，陈明的实践能力得到了很大提高。经过认真分析和思考，他认为自己的职业发展很适合目前的公司，就和人力资源部的王经理表达了很想留在公司继续工作的意愿。王经理很赏识这位专业背景知识扎实、沟通协调能力比较强的年轻人，于是就指派他协助员工关系主管，完成他最后一个模块的工作。陈明知道，这是一个经常要面对冲突的职位，具有较大的挑战性，而且关乎他能否留在公司，因此他对工作充满了期待。上任第一天，主管就告诉他，由于公司的一批人员劳动合同到期，一些人员需要续签，而另一些人员则不再使用，陈明将如何处理这些事情呢？

💬 职业导向 ▷

劳动关系是影响人的行为的基本社会关系，体现着人与人之间、人与组织之间根本的经济利益。因此，陈明要处理好领导安排的事情，必须做到：理解劳动关系、劳动法律关系的内涵，掌握劳动关系的调整方式，熟练掌握劳动合同的内容、期限、订立的原则程序，劳动合同的履行即变更、终止、解除等，了解劳动合同的管理，知道劳动争议的处理原则和程序。了解社会保险的日常业务办理。

💬 学习目标 ▷

1.知识目标

熟悉国家、地区的相关法律法规和人力资源政策，理解劳动关系与事实劳动关系的内涵，熟练掌握劳动合同的订立、变更、续签、解除等相关知识，知道劳动争议的处理原则和程序，掌握企业社会保险实务的基本操作。

笔记处

2.能力目标

能够熟练运用国家相关劳动法律法规解决劳资冲突，独立搜集证据处理劳动争议；能够解决劳动合同相关的简单问题；能够在法律限度内制定适合公司和员工共同成长的规章管理制度。

3.素养目标

具有优秀的沟通、谈判能力，较好的亲和力，较强的团队合作意识，有大局观和责任心。

任务一　劳动合同管理

必备知识

一、劳动关系的概念

劳动关系即指用人单位招用劳动者为其成员，劳动者在用人单位的管理下提供有报酬的劳动而产生的权利义务关系。[1]

从广义上来讲，生活在城市和农村的任何劳动者与任何性质的用人单位之间因从事劳动而结成的社会关系都属于劳动关系的范畴。

二、事实劳动关系的内涵

在我国，事实劳动关系指用人单位与劳动者之间虽无劳动合同但存在劳动关系的一种状态。产生事实劳动关系的主要原因在于：用人单位与劳动者确立劳动关系时，未按照国家有关规定签订劳动合同，或者合同期满后当事人既未续签劳动合同，又未终止原先的劳动合同。

三、劳动合同的概念

劳动合同是劳动者与用人单位确立劳动关系、明确双方权利和义务的协议。劳动合同是调整劳动关系的基本法律形式。

---

[1] 童丽，丁雯，吴嘉维．劳动关系管理项目化教程［M］．大连：东北财经大学出版社，2014：2.

笔记处

四、劳动合同的订立

（一）建立劳动关系应当订立劳动合同

根据《中华人民共和国劳动合同法》（以下简称《劳动合同法》）的相关规定，建立劳动关系应当订立书面劳动合同。已建立劳动关系，未同时订立书面劳动合同的，应当自用工之日起一个月内订立书面劳动合同。用人单位自用工之日起超过一个月不满一年未与劳动者订立书面劳动合同的，应当向劳动者每月支付二倍的工资。用人单位自用工之日起满一年不与劳动者订立书面劳动合同的，视为用人单位与劳动者已订立无固定期限劳动合同。

（二）劳动合同的期限

劳动合同的期限是指劳动合同双方约定的劳动合同的有效时间。按照《劳动合同法》的规定，劳动合同的期限分为三种：固定期限劳动合同、无固定期限劳动合同和以完成一定工作任务为期限的劳动合同。

（三）劳动合同的内容

劳动合同的内容是指用人单位与劳动者双方达成的劳动权利和义务的具体规定，具体表现为劳动合同条款。《劳动合同法》第十七条规定，劳动合同应当具备以下条款：①用人单位的名称、住所和法定代表人或者主要负责人。②劳动者的姓名、住址和居民身份证或者其他有效身份证件号码。③劳动合同期限。④工作内容和工作地点。⑤工作时间和休息休假。⑥劳动报酬。⑦社会保险。⑧劳动保护、劳动条件和职业危害防护。⑨法律、法规规定应当纳入劳动合同的其他事项。劳动合同除前款规定的必备条款外，用人单位与劳动者可以约定试用期、培训、保守秘密、补充保险和福利待遇等其他事项。

五、劳动合同的变更

劳动合同的变更指劳动合同依法订立之后，尚未履行完毕之前，当事人双方或单方依法修改、补充或废止部分内容的法律行为。劳动合同变更是对劳动合同所约定的权利和义务的完善和发展，是确保劳动合同全面履行和劳动过程顺利实现的重要手段。

笔记处

《劳动合同法》第三十五条规定："用人单位与劳动者协商一致，可以变更劳动合同约定的内容。变更劳动合同，应当采用书面形式。变更后的劳动合同文本由用人单位和劳动者各执一份。"协商变更一般是由一方当事人就劳动合同的期限、约定薪酬、工作岗位、工作地点等内容向另一方提出变更要求，双方在协商一致的基础上达成变更协议，并且应当采用书面形式。

六、劳动合同的解除

劳动合同的解除指在劳动合同依法订立之后，尚未全部履行之前，由于一定法律事实的出现，合同双方当事人或一方当事人依法提前终结劳动合同的法律效力的行为。

劳动合同解除的类型包括双方协商一致解除和单方解除两种。单方解除又可分为用人单位单方解除和劳动者单方解除，即用人单位或劳动者在满足一定条件下单方解除劳动合同而不需要征得对方同意的行为。

（一）双方协商一致解除

《劳动合同法》第三十六条规定："用人单位与劳动者协商一致，可以解除劳动合同。"如果是用人单位先提出动议，需要支付经济补偿金；如果是劳动者先提出动议，用人单位可以不支付经济补偿金。

（二）劳动者单方解除

根据《劳动合同法》相关规定，劳动者可以单方提出解除劳动合同，具体可分为四种情况。

（1）通常情况下，劳动者需要提前三十天书面通知用人单位解除劳动合同。

（2）在试用期内，劳动者需要提前三天通知用人单位解除劳动合同。

（3）用人单位有下列情形之一的，劳动者可以解除劳动合同，不需要提前通知。这些情形包括：①未按照劳动合同约定提供劳动保护或者劳动条件的。②未及时足额支付劳动报酬的。③未依法为劳动者缴纳社会保险费的。④用人单位的规章制度违反法律、法规的规定，损害劳动者权益的。⑤因《劳动合同法》第二十六条第一款规定的情形致使劳动合同无效的。⑥法律、行政法规规定劳动者可以解除劳动合同的其他情形。

（4）用人单位以暴力、威胁或者非法限制人身自由的手段强迫劳动者劳动的，或者用人单位违章指挥、强令冒险作业危及劳动者人身安全的，劳动者可以立即解除劳动合同，不需事先告知用人单位。

（三）用人单位单方解除

1.即时性解除（过失性解除）

由于劳动者存在法律规定的过失情形，用人单位无须预告就可以单方解除劳动合同，也无须支付经济补偿金。根据《劳动合同法》第三十九条的规定，劳动者有下列情形之一的，用人单位可以解除劳动合同：①在试用期间被证明不符合录用条件的。②严重违反用人单位的规章制度的。③严重失职，营私舞弊，给用人单位造成重大损害的。④劳动者同时与其他用人单位建立劳动关系，对完成本单位的工作任务造成严重影响，或者经用人单位提出，拒不改正的。⑤因《劳动合同法》第二十六条第一款第一项规定的情形致使劳动合同无效的。⑥被依法追究刑事责任的。

2.预告性解除（非过失性解除）

劳动者主观上无过错，但由于主客观条件变化导致劳动合同无法履行，用人单位须提前三十日以书面形式通知劳动者本人，或支付劳动者一个月工资作为代通知金。根据《劳动合同法》第四十条规定，有下列情形之一的，用人单位可预告性解除劳动合同：①劳动者患病或者非因工负伤，在规定的医疗期满后不能从事原工作，也不能从事由用人单位另行安排的工作的。②劳动者不能胜任工作，经过培训或者调整工作岗位，仍不能胜任工作的。③劳动合同订立时所依据的客观情况发生重大变化，致使劳动合同无法履行，经用人单位与劳动者协商，未能就变更劳动合同内容达成协议的。

3.经济性裁员

当用人单位出现下列情形时，可以实行经济性裁员：①依照企业破产法规定进行重整的。②生产经营发生严重困难的。③企业转产、重大技术革新或者经营方式调整，经变更劳动合同后，仍需裁减人员的。④其他因劳动合同订立时所依据的客观经济情况发生重大变化，致使劳动合同无法履行的。实行经济性裁员，用人单位应当提前三十日向工会或者全体职工说明情况，听取工会或者职工意见，经向劳动行政部门报告后，可以裁减人员。

笔记处

七、劳动合同的终止

劳动合同的终止是指因某种法定情形的出现导致劳动合同的法律效力被消灭，劳动者与用人单位之间原有的权利和义务不再存在。劳动合同只有法定终止，即劳动合同的终止只能是法律规定的情形导致的。这些情形包括：①劳动合同期满的。②劳动者开始依法享受基本养老保险待遇的。③劳动者死亡，或者被人民法院宣告死亡或者宣告失踪的。④用人单位被依法宣告破产的。⑤用人单位被吊销营业执照、责令关闭、撤销或者用人单位决定提前解散的。⑥法律、行政法规规定的其他情形。

八、劳动合同的续订

劳动合同的续订指针对期限届满的劳动合同，双方当事人通过协商一致，将原劳动合同效力予以延续。续订劳动合同不是变更原劳动合同的期限，是签订一份新的劳动合同。劳动合同续订的方式有以下两种。

（一）双方协商一致续订

双方协商一致续订是劳动合同续订最常见的方式。与订立劳动合同一样，续订劳动合同也必须遵循平等自愿、协商一致原则，必须经双方当事人协商同意，若一方当事人不同意续订，另一方当事人不得强迫其续订。

（二）劳动合同自动续订

劳动合同自动续订不同于劳动合同的逾期终止，并非原劳动合同期限的自动延长，而是指在法律规定的特殊情形下，不需要劳动者和用人单位就续订劳动合同事宜协商一致，也可以产生续订劳动合同的后果。主要有以下两种情形：①固定期限劳动合同期满后，因用人单位方面的原因未办理终止或续订手续而形成事实劳动关系的，视为续订劳动合同。用人单位应及时与劳动者补充办理续订劳动合同手续。②用人单位与劳动者在续订劳动合同时，符合《劳动合同法》第十四条规定情形之一的，经劳动者提出或者同意，应当订立无固定期限劳动合同。

笔记处

🗨 实践任务

子任务一　劳动合同签订

一、任务描述

　　劳动合同是劳动者与用工单位之间确立劳动关系，明确双方权利和义务的协议。订立劳动合同，应当遵循合法、公平、平等自愿、协商一致、诚实信用的原则。依法订立的劳动合同具有约束力，用人单位与劳动者应当履行劳动合同约定的义务。劳动合同管理是劳动关系管理中法律性要求最高的部分，合同的订立、履行、变更、解除或者终止，均应按照《劳动合同法》等法律法规执行。

　　建立劳动关系，应当订立书面劳动合同，因此原则上员工入职时均要签订劳动合同。在跨企业调动等情境下，也需要签订劳动合同。劳动合同签订的一般步骤有确认合同签订信息、制作合同文书、组织合同签订、合同签订信息维护。

二、任务场景

　　恒信股份有限公司由于业务增长迅速，在上个月新招聘了55名新员工。今天，陈明接到通知，需要在下周三，也就是这55名新员工报到日，组织他们签署劳动合同。55名新员工分别属于该公司的七个部门，他们的职位、职级均不同。这是一项复杂的系统工程，陈明接到通知后，马上投入准备工作中。

三、任务实施

　　合同签订主干流程如图8-1所示。

确定合同签订信息 → 制作合同文书 → 组织合同签订 → 合同签订信息维护

图8-1　合同签订主干流程

笔记处

完成合同签订的操作步骤及关键节点如下。

由于本次劳动合同签订任务量比较大，为做好劳动合同签订准备，陈明马上对55名新员工的名单进行核对，同时他根据企业提供的签订名单和合同信息进行检查，主要查看合同信息的完整性、试用期是否符合法律要求等。

（二）制作合同文书

陈明找出公司的劳动合同模板，根据以上合同信息，开展准备工作并制作55人的劳动合同。为避免新员工填写错误，陈明将劳动合同中公司应填写的信息预先填好，以提高签署效率。根据公司的要求，劳动合同按一式两份制作，如果实施劳动合同电子签，则只需要将以上合同信息导入电子合同系统，自动生成电子合同，可以大大节约成本和时间。

（三）组织合同签订

员工入职当日，陈明带着准备好的55套劳动合同文本来到会议室，他首先给大家介绍了劳动合同的基本框架，并将劳动合同签署模板通过投影仪进行展示，带领大家进行逐个信息填写。在员工填写完毕后，陈明进行检查和回收，并在劳动合同上盖了劳动合同专用章和法人代表授权代表签字章。至此劳动合同签署完毕，陈明将一份劳动合同返还员工并让其签收，另一份劳动合同则提交相关同事，统一归入员工档案。

（四）合同签订信息维护

在完成所有新签订劳动合同的归档之后，陈明将劳动合同的起止日、试用期起止日等相关数据，维护至公司人力资源信息系统中。

子任务二　劳动合同续签

一、任务描述

劳动合同续签指劳动合同期满后，当事人双方经协商达成一致，继续签订与原劳动合同内容相同或者不同的劳动合同的法律行为。劳动合同续签一般包括劳动合同到期提醒、确认续签信息、组织劳动合同续签、维护劳动合同续签信息、不续签的员工离职流程发起等。

175

模块二　技能篇

二、任务场景

根据公司劳动合同台账信息，一个月后张三、李四、王五三位员工的劳动合同即将到期。为确定这三位员工劳动合同是否续签，陈明开始着手准备工作。大多数具备人力资源信息系统的企业，劳动合同的到期提醒是系统自动触发的，自动触发的准确性依赖于人力资源信息系统的准确性。

三、任务实施

合同续签主干流程如图8-2所示。

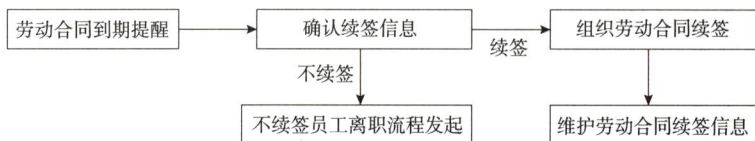

图8-2　合同续签主干流程

完成合同续签的操作步骤及关键节点如下。

（一）劳动合同到期提醒

陈明在这三名员工劳动合同到期前（建议至少提前30天）整理了一份劳动合同续签意见征询表，提供至员工直线经理或人力资源相关业务负责人处，其中包含这三名员工的历史合同信息以及合同到期时间。张三是第一次续签，如果续签需要确认续签年限；李四之前已和公司有两次有固定期限劳动合同签订记录，如果续签需要签订无固定期限劳动合同；王五在公司工作已满10年，需要签订无固定期限劳动合同。

（二）确认续签信息

陈明在三名员工劳动合同到期前40天左右收到了直线经理确认的续签信息，其中张三、王五续签，李四不续签。陈明在员工劳动合同到期前30天给李四发送了终止劳动合同通知书，给张三、王五发送了劳动合同续签意见征询表。

（三）组织劳动合同续签

张三、王五反馈了续签意见，其中王五同意续签，张三不同意续

笔记处

签。陈明将两人意见反馈至直线经理处，并准备为王五办理续签手续。陈明根据王五的历史合同信息，为他制作了一份无固定期限条款的劳动合同续订书，续订书中协定原劳动合同其他条款不变，续订为无固定期限劳动合同。在劳动合同到期前，陈明通知王五签订了劳动合同续订书，一式两份，一份归入员工档案，一份交还员工并填写签收单。

（四）维护劳动合同续签信息

根据劳动合同续签的类型和年限信息，陈明在公司人力资源信息系统中更新了王五的合同信息。

（五）不续签员工离职流程发起

对于张三和李四，陈明为其发起了离职办理，其中张三由于是本人不续签，不涉及经济补偿支付。李四由于是企业决定不续签，根据《劳动合同法》规定，需要支付经济补偿费用。

子任务三　劳动合同变更

一、任务描述

根据《劳动合同法》第三十五条规定，"用人单位与劳动者协商一致，可以变更劳动合同约定的内容。变更劳动合同，应当采用书面形式。"因此，不仅仅是员工的岗位变更，如果劳动合同中的条款有调整，一般都需要签订劳动合同变更协议或者新的劳动合同。劳动合同变更办理一般涉及三个步骤：确认劳动合同变更信息、组织劳动合同变更协议签订、劳动合同变更信息维护。

二、任务场景

恒信股份有限公司需要进一步拓展业务，于是在上海设立了一个办事处，需要将三名员工从北京调至上海工作，由于涉及这三名员工的工作地变更，陈明开始准备办理这三名员工的劳动合同变更手续。

三、任务实施

合同变更主干流程，如图8-3所示。

笔记处

图8-3　合同变更主干流程

完成合同变更的操作步骤及关键节点如下。

（一）确认劳动合同变更信息

陈明与这三名员工的直线经理确认了变更信息，由于该三名员工仅涉及工作地变更，他据此制作了劳动合同变更协议发送给三名员工。

（二）组织劳动合同变更协议签订

陈明和员工约定了签订劳动合同变更协议的时间并如期和员工签订。经盖章和授权代表签字或盖章后，两份劳动合同变更协议一份归入员工档案，一份交还员工并填写签收单。

（三）劳动合同变更信息维护

根据劳动合同变更协议的内容，陈明维护了人力资源信息系统中三名员工的合同信息。

子任务四　劳动合同解除

一、任务描述

劳动合同解除包含两种类型：协议解除（用人单位与劳动者协商一致解除）和单方解除（分为劳动者单方解除和用人单位单方解除，具体解除条件请参照《劳动合同法》规定）。常见的劳动者因个人原因辞职，即属于劳动者单方解除。劳动合同解除流程一般用于用人单位发起的劳动合同解除，包括确认劳动合同解除信息、解除劳动合同协议签订、劳动合同解除信息维护、发起离职流程等环节。

二、任务场景

恒信股份有限公司中有一位员工不辞而别，已经10多天未到公司上班，经公司人力资源部多次通知，仍不到公司上班，已经造成旷工。根据公司规定，员工旷工7天以上的，解除劳动合同。为此，陈明开始准备办理合同解除手续。

笔记处

三、任务实施

合同解除主干流程，如图8-4所示。

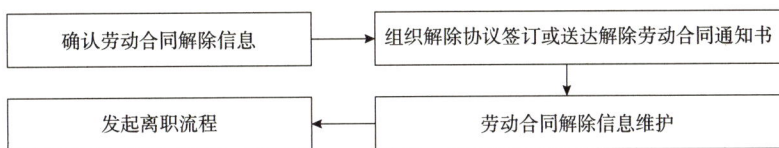

```
┌─────────────────────┐      ┌──────────────────────────────────┐
│  确认劳动合同解除信息  │ ───→ │ 组织解除协议签订或送达解除劳动合同通知书 │
└─────────────────────┘      └──────────────────────────────────┘

┌─────────────────────┐      ┌──────────────────────────────────┐
│    发起离职流程       │ ←─── │      劳动合同解除信息维护           │
└─────────────────────┘      └──────────────────────────────────┘
```

图8-4　合同解除主干流程

完成合同解除的操作步骤及关键节点如下。

（一）确认劳动合同解除信息

陈明根据考勤信息，进一步确认了解除劳动合同的合规性，同时他查询了该员工签订劳动合同时提供的通信地址，制作了解除劳动合同通知书。

（二）组织解除协议签订或送达解除劳动合同通知书

劳动合同如果是双方协商解除，则可以组织员工签署劳动合同协商解除协议。由于该员工属于旷工，为公司单方解除，且经多次通知仍不到公司办理手续，陈明只能通过邮寄方式送达解除劳动合同通知书。

（三）劳动合同解除信息维护

根据解除劳动合同协议书或通知书的内容，陈明维护了人力资源信息系统中该名员工的合同信息。

（四）发起离职流程

陈明接下来需要为这名员工办理离职手续。

任务二　劳动争议处理

必备知识

一、劳动争议的范围

依照《中华人民共和国劳动争议调解仲裁法》第二条规定，适用该法的中华人民共和国境内的用人单位与劳动者发生的劳动争议包

笔记处

括：①因确认劳动关系发生的争议。②因订立、履行、变更、解除和终止劳动合同发生的争议。③因除名、辞退和辞职、离职发生的争议。④因工作时间、休息休假、社会保险、福利、培训以及劳动保护发生的争议。⑤因劳动报酬、工伤医疗费、经济补偿或者赔偿金等发生的争议。⑥法律、法规规定的其他劳动争议。

二、解决劳动争议的原则

应当根据事实，遵循合法、公正、及时、着重调解的原则，依法保护当事人的合法权益。

三、劳动争议的处理程序

（一）协商

发生劳动争议，劳动者可以与用人单位协商，也可以请工会或者第三方共同与用人单位协商，达成和解协议。

（二）调解

发生劳动争议，当事人不愿协商、协商不成或者达成和解协议后不履行的，可以向调解组织申请调解。

（三）仲裁

不愿调解、调解不成或者达成调解协议后不履行的，可以向劳动争议仲裁委员会申请仲裁。

（四）诉讼

对仲裁裁决不服的，除本法另有规定的外，可以向人民法院提起诉讼。

💬 实践任务

一、任务描述

当员工和企业发生劳动争议时，如果双方无法通过协商或基层调解组织调解解决争议，员工可以向当地劳动仲裁委员会发起劳动仲裁申请，由仲裁委员会对当事人申请仲裁的劳动争议进行公断与裁决。

笔记处

当企业收到某员工的仲裁案件通知时，会组成一个劳动关系协调联合小组应对此事。陈明协助主管开展一系列工作。根据案件通知时间要求，在时限要求内成立劳动关系协调联合小组，组织各方调解、沟通、决议、汇总证明材料、出庭陪同，并跟进后续事宜。

二、任务场景

陈明和部门同事今天收到劳动仲裁委员会（以下简称仲裁委）发来的张三的仲裁案件通知。他需要马上行动起来，进行相关的调查，整理相关信息及资料，具体如下。

三、任务实施

陈明根据如图8-5所示的仲裁案件处理流程开展不同阶段的工作。

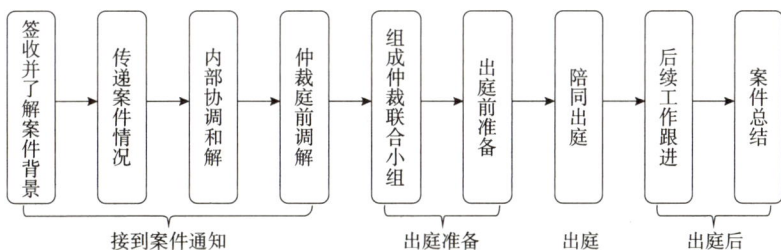

图8-5 仲裁案件处理流程图

（一）签收并了解案件背景

对接仲裁机构，签署仲裁资料，并与仲裁委沟通了解背景情况，明晰仲裁委对此案的态度及可能的调解方案等，以便帮助部门经理做出判断。

（二）传递案件情况

将案件通知及获取的相关信息一并发送邮件通知部门经理，由部门内部商议是否与员工进行和解及制订和解方案。

（三）内部协调和解

如果部门决定与员工内部和解，陈明通知仲裁委暂停案件受理，等待员工撤销申请。如果不同意和解，则进入步骤五。

笔记处

（四）仲裁庭前调解

通常仲裁委会在正式开庭前主持一次调解，由用人部门代表公司和员工沟通调解。如双方接受调解，则按调解方案执行；如任何一方不接受调解方案，则进入仲裁环节。

（五）组成仲裁联合小组

确认需要出庭时，用人经理、HRBP、律师、陈明将组成联合小组，及时同步各方信息，共同应对案件。律师并非必需成员，由HRBP根据前期了解的员工诉求、赔偿金额、案件获胜率等因素综合考量是否聘请外聘律师。

（六）出庭前准备

出庭前需要根据案件情况，准备相关材料，大致如下：答辩书、营业执照复印件、法人身份证复印件、法人授权委托书、证据清单。

证据根据案件情况有所不同，通常包括劳动合同、员工手册、发薪证明、出勤记录、员工劳动合同解决协议、案件相关公司制度及其他佐证材料。应当按照先后顺序整理证据清单，包括证据名称、证明内容、页数以及是否为原件等。以上通用材料由陈明准备，答辩书和其他佐证材料由HRBP准备。

（七）陪同出庭

出庭当日，HRBP、外聘律师（如有）、陈明会参加出庭答辩。庭上答辩主要由HRBP和律师应对，陈明旁听并协助做些记录。庭审结束后应向HRBP及部门经理反馈庭上情况及结论。

（八）后续工作跟进

按照庭审判决书结果，HRBP向用人经理及律师征询意见后，决定是否上诉或继续调解，由HRBP主导后续事宜跟进。如果同意按判决书结果支付赔偿金，由陈明负责与员工沟通，完成赔偿金申请及支付工作，支付完毕后反馈给HRBP和用人经理。如果不同意判决结果，则由HRBP或律师准备二次上诉申请的材料，回到步骤六。

（九）案件总结

案件整体结束后，陈明整理案件报告，包括事件背景、争议问题点、庭审过程简述、庭审结果、优化建议等，通过案件总结，完善或改进人力资源相关政策、制度、流程，促进相关人员学习劳动法相关知识，避免类似的风险。

笔记处

任务三　社会保险服务

必备知识

一、社会保险的内涵

社会保险是社会保障的一种形式，是指国家通过立法建立的，以劳动者为保障对象，以劳动者的年老、疾病、工伤、失业、死亡等特殊事件为保障内容，通过税收或缴费建立社会保险基金，从而帮助劳动者克服上述社会风险的一种正式的国家生活保障制度。社会保险的目的是当劳动者遇到劳动风险、失去劳动报酬后，仍能获得基本生活的保障。凡依照法律规定必须投保的劳动者和用人单位都必须参加社会保险，社会保险当事人不得自行确定是否参加社会保险，不得自行选择或退出所参加的社会保险项目。被保险人及其用人单位必须依据国家法律规定的保险费率足额缴纳社会保险费。《中华人民共和国劳动法》第七十二条规定，用人单位和劳动者必须依法参加社会保险，缴纳社会保险费。因此，缴纳社会保险费的义务主体是用人单位和劳动者个人，收缴单位是社会保险机构。在法律上，缴纳社会保险费是国家行政法规规定的一种强制性行政义务，用人单位不缴纳社会保险费，违反的是国家行政管理法，不仅损害劳动者的利益，还损害了国家利益即整个社会保障制度。个人与所在用人单位发生社会保险争议的，可以依法申请仲裁，提起诉讼。用人单位侵害个人社会保险权益的，个人也可以要求社会保险行政部门或社会保险费征收机构依法处理。

二、社会保险的参保对象

我国规定国有和国有控股企业、股份有限公司、外商和港澳台商投资企业（包括分支机构）、城镇集体企业、城镇私营企业和其他城镇企业，实行企业化管理的事业单位及其职工（含外籍人员和港澳台人员），国家机关、事业单位、社会团体及其工作人员（包括编制外聘用人员），民办非企业单位及其职工，城镇个体工商户及其雇工等，都应依法参加社会保险。企业不得以任何理由不为员工购买社会

笔记处

保险。

三、企业职工社会保险险种

在 2019 年《国务院办公厅关于全面推进生育保险和职工基本医疗保险合并实施的意见》出台前，我国企业职工社会保险包括基本养老保险、医疗保险、失业保险、工伤保险、生育保险。其中，基本养老保险、医疗保险和失业保险是由企业和个人共同缴纳的保险费，由企业依法履行代扣代缴义务；工伤保险和生育保险完全由企业承担，个人不需要缴纳。

自该意见出台后，我国企业职工社会保险发生了变化，生育保险和职工基本医疗保险合并实施，确保改革推进过程中职工生育期间生育保险待遇不变，确保制度可持续。也就是说，两项保险合并实施后，生育保险仍然是生育保险，不会取消，五险变四险也不存在。这项意见出台后，生育保险的运行管理、服务能力大幅度提升。更重要的是，单位和职工只要参加职工医保，就能享受生育保险待遇，只是在报销途径上做出了改变，报销比例、参保范围、保障项目和支付水平都没有改变。职工医保和生育保险的缴费比例不会变化，按照用人单位参加生育保险和职工基本医疗保险的缴费比例之和确定新的用人单位职工基本医疗保险费率，个人只需要缴纳医保个人部分，不缴纳生育保险费。生育保险和职工基本医疗保险合并实施后没有降低个人保障，反而带来了更多便利。

四、社会保险缴费比例

通常情况下，社会保险的缴费有一定比例，2022 年社会保险缴纳比例及个人社保缴纳比例如表 8-1 所示。其中，养老保险单位缴费比例为 20%，个人缴费比例为 8%；医疗保险单位缴费比例为 10%，个人缴费比例为 2%；失业保险单位缴费比例为 1%，个人缴费比例为 0.5%；生育保险单位缴费比例为 1%，个人不缴费；工伤保险单位缴费比例为 0.5%，个人不缴费。

笔记处

表8-1　社会保险缴费比例（%）

险种	费率（单位缴纳）	费率（个人缴纳）	合计
城镇企业养老保险	20	8	28
失业保险	1	0.5	1.5
生育保险	1	—	1
工伤保险	0.5	—	0.5
基本医疗保险	10	2	12
合计	32.5	10.5	43

现有的养老保险制度，由于各地的统筹制度不同，存在缴费基数上下限不同、计发基数不同、地方性补助待遇不同等问题，以及存在相同缴费基数、相同缴费钱数，但是养老金待遇不一样的问题。实际上，2022年是我国企业职工养老保险全国统筹的元年。各个省份的养老保险系统陆续接入了全国统筹信息系统，未来还将实现缴费费率、缴费基数、计发基数、待遇项目和待遇调整等全部政策的统一。具体缴费比例根据当地人力资源和社会保障局发布的缴费比例执行。

五、社会保险缴费基数

企业职工（不含个体工商户及其雇工、灵活就业人员）的工资收入为缴费工资。每年基本养老保险费征缴上下限的基准数，按照统计部门公布的企业所在地区在岗职工平均工资确定。参保人员工资收入超过基准300%以上部分，不计入缴费工资；参保人员工资收入低于基准数60%的，按照基准数的60%确定缴费工资；参保人员工资收入在基本养老保险费上下限范围内的，按照实际工资收入确定缴费工资。缴纳基本养老、医疗、工伤和失业保险的月缴费基数，统一按职工上一年度月平工资收入确定。用人单位应当按照国家规定的本单位职工工资总额的比例缴纳基本养老保险费，记入基本养老保险统筹基金。职工应当按照国家规定的本人工资的比例缴纳基本养老保险费，记入个人账户。

六、社会保险费用缴纳及基数核定

社会保险费指由用人单位及其职工依法参加社会保险并缴纳的职工基本养老保险费、职工基本医疗保险费、工伤保险费、失业保险费和生育保险费。社会保险机构负责社会保险费用申报、核定工作。各省、自治区、直辖市人民政府决定由社会保险经办机构收社会保险费的，社会保险经办机构应当依法征收社会保险费。社会保险经办机构负责征收的社会保险费，实行统一征收。

社会保险缴费基数每年核定调整一次，调整依据为职工本人上年月平均工资，并参考当地发布的年度社会保险缴费基数上下限最终确定。

职工个人月应缴额=职工缴存基数 × 职工社会保险缴存比例

📟 实践任务

子任务一　员工社会保险账户转入

一、任务描述

在企业与员工建立劳动关系后，企业需履行为员工缴纳社会保险的义务。对于新建企业，均需先开通企业社会保险账户，对于未在本市建立过员工社会保险个人账户的新入职员工，企业需先为其开通员工社会化保险个人账户，对于已经在本市建立过员工社会保险个人账户的新入职员工，企业可直接操作员工社会保险账户的转入。本任务以上海为例进行讲解。

二、任务场景

恒信股份有限公司因业务发展迅速，来自客户的个性化需求越来越多，为此，该公司经过讨论招募了7名项目经理，希望通过更加标准化的对接流程来规范需求沟通过程。这7名项目经理均已经在本市开过社会保险个人账户，陈明现在只需要为其办理账户的转入。

笔记处

三、任务实施

员工社会保险账户转入流程如图8-6所示。

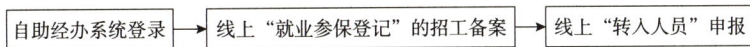

| 自助经办系统登录 | → | 线上"就业参保登记"的招工备案 | → | 线上"转入人员"申报 |

图8-6　员工社会保险账户转入流程

完成员工社会保险账户转入的操作步骤及关键节点如下。

（一）自助经办系统登录

陈明需要登录所在地人力资源和社会保障局官方网站。找到"人社服务"模块，点击进入"自助经办系统登录"。

（二）线上"就业参保登记"的招工备案

在上海市人力资源和社会保障自助经办系统办事大厅主页，进入"劳动就业"模块，进入子菜单"招退工"的"招工登记"，在"就业参保登记"中填写信息，保存并提交，在"打印服务"中查询、打印并归档。

（三）线上"转入人员"申报

退出"劳动就业"模块，进入上海市人力资源管理和社会保障自助经办系统办事大厅的"社会保险"模块。通过子菜单"缴费变更申报"的"转入人员"填写具体信息，保存并提交，在"查询打印"中查询、打印并归档。

子任务二　员工社会保险账户转出

一、任务描述

在企业与员工解除劳动关系后，企业不再履行为员工缴纳社会保险的义务，企业需为员工操作社会保险账户的转出。本任务以上海为例进行讲解。

二、任务场景

恒信股份有限公司近几年不断发展壮大，员工流动率也逐渐趋于

笔记处

稳定，近期只有1名员工因家庭原因提出了离职，陈明需要为其办理社会保险账户转出业务。

三、任务实施

员工社会保险账户转出流程如图8-7所示。

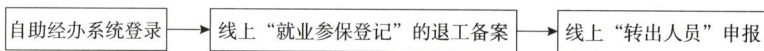

图8-7　员工社会保险账户转出流程

完成员工社会保险账户转出的操作步骤及关键节点如下。

（一）自助经办系统登录

陈明需要登录所在地人力资源和社会保障局官方网站。找到"人社服务"模块，点击进入"自助经办系统登录"。

（二）线上"就业参保登记"的退工备案

在上海市人力资源和社会保障自助经办系统办事大厅主页，进入"劳动就业"模块，进入子菜单"招退工"的"退工登记"，在退工登记页面填写信息，保存并提交，在"打印服务"中查询、打印并归档。

（三）线上"转出人员"申报

退出"劳动就业"模块，进入上海市人力资源管理和社会保障自助经办系统办事大厅的"社会保险"模块。通过子菜单"缴费变更申报"的"转出人员"填写具体信息，保存并提交，在"查询打印"中查询、打印并归档。

💬 学习研讨

背景描述	1.王一，2019年3月1日入职北京W公司，2020年7月应发工资10000元，本月工资中社会保险代扣代缴多少元（2019年月平均工资8000元） 2.黄三，2019年3月1日入职北京W公司，2020年7月应发工资30000元，本月工资中社会保险代扣代缴多少元（2019年月平均工资28000元） 3.唐双，2019年3月1日入职北京W公司，2020年7月应发工资3500元，本月工资中社会保险代扣代缴多少元（2019年月平均工资3000元）
研讨主题	回顾社会保险相关知识，完成社会保险个人代扣代缴核算任务。在此基础上整理、归纳、分析思路和流程
成果展示	每个团队以PPT等形式展示

笔记处

学习评价

内容组织	素养提升			评价结果
内容全面且组织有条理：小组成员分工明确；内容全面、方法科学、组织安排有条理	语言通顺简洁、思路清晰、重点突出	熟练运用PPT、视频、动画等信息化技术手段	很好地体现团队协作精神和信息处理能力	优秀□
内容比较全面且组织比较有条理：小组成员分工明确；内容较全面、方法较科学、组织安排比较有条理	语言较通顺简洁、思路较清晰、重点较突出	较熟练运用PPT、视频、动画等信息化技术手段	较好地体现团队协作精神和信息处理能力	良好□
内容不全面且组织条理不清：小组成员分工不够明确；内容不够全面、方法不够科学、组织安排有待提升	不能够很好地组织语言、思路不清晰	不能熟练运用视频、动画等信息化技术手段	不能很好地体现团队协作精神、信息提炼不准确	一般□

学习检测

（1）劳动合同应包括哪些内容?

（2）简述解决劳动争议的流程。

（3）简述社会保险的主要内容。

学习检测

学习小结

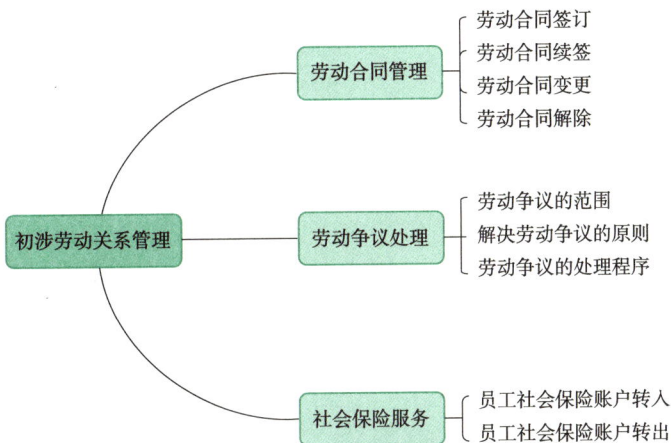

笔记处

REFERENCE

参考文献

［1］葛元月．现代人力资源管理［M］．北京：北京理工大学出版社，2012.

［2］罗伯特·马希斯，赵曙明，约翰·杰克逊．人力资源管理［M］．9版．北京：电子工业出版社，2003.

［3］张正堂，宋锟泰，王巧莲.人力资源共享服务［M］．北京：高等教育出版社，2021.

［4］李仁苏，李春侠．人力资源管理［M］．青岛：中国海洋大学出版社，2011.

［5］董克用，叶向峰．人力资源管理概论［M］．北京：中国人民大学出版社，2003.

［6］冯拾松，李菁羚．人力资源管理与开发［M］．北京：高等教育出版社，2022.

［7］冉军．人力资源管理［M］．北京：教育科学出版社，2018.

［8］傅强．国有大型集团公司组建人力资源共享服务中心的探索研究［J］．经营与管理，2020（6）：10-13.

［9］潘琦华．人力资源管理［M］．北京：北京师范大学出版社，2010.

［10］于桂兰，魏海燕．人力资源管理［M］．北京：清华大学出版社，2004.

［11］杨毅宏．人力资源管理全案［M］．北京：电子工业出版社，2006.

［12］丁雯，童丽，邹备战．薪酬管理项目化教程［M］．大连：东北财经大学出版社，2014.

［13］刘正君，温辉．薪酬管理［M］．北京：中国人民大学出版社，2019.

［14］宋艳红．员工招聘与配置［M］．2版．北京：北京理工大学出版社，2020.

［15］邵瑞银，刘正君．员工招聘与配置［M］．北京：中国人民大学出版社，2021.

［16］林雪莹，王永丽．人力资源管理［M］．北京：中国传媒大学出版社，

2020.

［17］张波. J公司绩效管理体系研究［D］. 南京：南京理工大学，2009.

［18］郑伟. XD公司员工绩效管理体系的研究与设计［D］. 成都：西南财经
大学，2007.

［19］杨修平. 绩效管理的理论要义与实践路径［J］. 中国商论，2015（1）：
23–25.

［20］司静波. 新经济时代企业人力资源管理创新问题研究［D］. 哈尔滨：东
北农业大学，2002.

［21］朱洪杰. 浅谈知识经济环境下企业的人力资源管理［J］. 人力资源管理，
2015（2）：33–34.

［22］陈磊，崔晓燕，褚小萍. 人力资源共享服务（中级、高级）［M］. 北京：
高等教育出版社，2021.

［23］付亚和，许玉林. 绩效管理［M］. 4版. 上海：复旦大学出版社，2021.

［24］孙宗虎，西楠. 绩效管理工作手册［M］. 北京：人民邮电出版社，2012.

［25］孙立如. 劳动关系实务操作［M］. 3版. 北京：中国人民大学出版社，
2021.

APPENDIX

附 录

人力资源现状调查表

填写日期：

为了制订人力资源规划，现对本公司员工进行人力资源现状的无记名调查，希望大家从公司和个人利益出发积极配合，认真、详实地填写该调查表。同时为耽误您的工作时间表示歉意！

第一部分　公司总体状况

1.你认为公司的招聘程序是否公正合理？如果不合理，应在哪些方面改进？

A.很合理　　　　　B.较合理　　　　　C.一般　　　　　D.较不合理

E.很不合理

如果选E，需改进的方面：

2.你认为员工的绩效考评应该着重以下哪几个方面（可多选）？

A.任务完成情况　　B.工作过程　　　　C.工作态度　　　D.其他

如果选D，考评应着重的方面：

3.在绩效考评中，你认为第2题选项中哪项应作为主要考核内容？

答：

4.你认为公司应该依据下述哪些标准发放薪酬（可多选）？

A.绩效考评结果　　　　　　　　　B.学历

C.在公司服务年限　　　　　　　　D.其他

如果选D，依据的标准：

5.在薪酬标准中，你认为第4题选项中哪项应作为主要依据？

答：

6.你认为与公司签哪种劳动合同更为合适？

A. 1年　　　　　　　B. 2年　　　　　　　C. 3年

D.没有具体年限限制，如果员工认为公司不合适或公司认为员工不合适可随时协商解除劳动合同

7.你认为公司目前的福利政策（节日礼品、生日礼物、健康体检、带薪假期、社会养老/失业保险）是否完善，若不完善，还需进行哪方面的改善？

A.是　　　　　　　B.否

如果选B，需要改善的方面：

8.你认为自己最需要哪些培训？

答：

9.你认为是否有必要对公司的中层经理进行管理知识培训？

A.有　　　　　　　B.没有

10.如果是技术认证培训，并且需要个人出资，你最大的承受能力是多少？

A.100元内　　　　　B.500元内　　　　　C.1000元内

D.如果该项培训对自己很重要，还可以承担更多

11.你认为在公司工作有没有发展前途？

A.有　　　　　　　B.说不准　　　　　C.没有

12.除薪酬外，你最看重什么？

A.提高自己能力的机会　　　　　　　B.好的工作环境

C.和谐的人际关系　　　　　　　　D.工作的成就感

13.你认为目前最大的问题是什么?

A.没有提高自己能力的机会　　　　B.工作环境较差

C.人际关系不太和谐　　　　　　　D.工作没有成就感

14.你认为目前的工作适合自己吗?

A.很合适,并且有信心、有能力做好

B.是我喜欢的工作,但自己的能力有所欠缺

C.不是我理想的工作,但我能够做好

D.不太适合,希望换一个岗位

15.你的职业倾向是什么?

A.希望在目前这个方向一直干下去　　B.希望换一个方向

C.没有想过　　　　　　　　　　　　D.根据环境的变化可以变化

16.你认为公司环境卫生情况如何?

A.很好　　　　　B.良好　　　　　C.一般　　　　　D.较差

E.很差

17.你认为现行考勤制度是否合理? 若不合理,讲明原因。

A.合理　　　　　　　　　　　B.不合理

如果选B,原因:

18.你认为当前的人事管理的最大问题在什么地方?

A.招聘　　　　　B.培训　　　　　C.薪酬　　　　　D.考评

第二部分　个人期望与发展

1.你认为公司目前的工作环境怎样?

A.很好 B.较好 C.一般 D.较差

E.很差

如果选D或E，你希望哪方面有所改进：

2.现在工作时间的安排是否合理？

A.很合理 B.较合理 C.一般 D.较不合理

E.很不合理

如果选D或E，你希望哪方面有所改进：

3.你对工作紧迫性的感受如何？

A.很紧迫 B.较紧迫 C.一般 D.较轻松

E.很轻松

如果选D或E，你希望哪方面有所改进：

4.你认为工作的挑战性如何？

A.很有挑战性 B.较有挑战性 C.一般 D.较无挑战性

E.无挑战性

如果选D或E，你希望哪方面有所改进：

5.你认为自己的能力是否得到了充分发挥？

A.已发挥 B.部分发挥 C.没感觉 D.有些埋没

E.完全埋没

如果选D或E，你希望哪方面有所改进：

6.你的工作是否得到了领导及同事的认可？

A.非常认可 B.较认可 C.一般 D.较不认可

E.非常不认可

如果选D或E，你希望哪方面有所改进：

7.你对目前的待遇是否满意？

A.很满意   B.较满意   C.一般   D.较不满意

E.不满意

如果选D或E，你希望哪方面有所改进：

8.你与同事的工作关系是否融洽?

A.很融洽   B.较融洽   C.一般   D.较不融洽

E.很不融洽

如果选D或E，你希望哪方面有所改进：

9.你与其他部门的合作是否融洽?

A.很融洽   B.较融洽   C.一般   D.较不融洽

E.很不融洽

如果选D或E，你希望哪方面有所改进：

10.你是否受多重领导?

A.经常   B.偶尔   C.从来没有

如果选A，你希望哪方面有所改进：

11.工作职责是否明确?

A.是   B.不是

如果选B，你希望哪方面有所改进：

12.你对哪个层级的领导寄予希望?

A.直接上级   B.主管经理   C.总经理

13.你认为公司的主要优势是什么?

A.技术   B.市场   C.管理

请简述理由：

14.你认为公司的主要问题是什么?

A.技术   B.市场   C.管理

请简述理由：

15.你希望公司用什么样的方式奖励你的出色表现？请概述。

答：

16.你对公司的其他建议？请概述。

答：